KB196371

뇌과학의 쓸모

슬기로운 어른을 위한 100가지 뇌 활용법

뇌과학의 쓸모

나카노 노부코 지음 | **김윤경** 옮김

현대
지성

뇌과학이 삶의 도구가 될 수 있다는 나카노 노부코 박사의 조언은 가히 충격적이다. 연애, 공부, 직장, 가정 등 모든 세상살이가 불확실한 전쟁과 같다. 노부코 박사는 이 불안한 전쟁 속에서 능동적으로 자기계발을 하고 상황을 극복할 수 있는 무기가 뇌과학이라고 주장한다. 중국 오나라의 손자는 그의 병법에서 적을 알고 나를 알면 백 번 싸워도 위태롭지 않다고 했다. 『뇌과학의 쓸모』에는 뇌를 알고 활용해 환경을 바꾸는 100가지 전술이 빼곡히 적혀 있다. 특히 뇌과학과 심리학을 접목해 만든 명제 하나하나가 오랜 울림으로 마음을 두드린다. '뇌는 정답을 추구하지 않고 선택한 길을 정답으로 만들어간다' '나를 바꾸려고 괴로워하지 말고 지금의 뇌를 최대한 활용하자' '돈과 같은 허구 개념에 조종당하지 말고 실체적인 가치를 창조해나가자'. 주옥같은 뇌과학 무기로 가득한 이 책은 인생의 위기마다 찾아야 할 상비약이다. 뇌과학 지식이 없는 사람도 백과사전처럼 책장에 넣어두면 언젠가 힘이 되는 무기가 될 것이다. 세상의 불행과 싸워 행복을 만드는 뇌의 신비를 일상에서 만나보자.

_김대수 뇌과학자, 카이스트 생명과학과 교수, 『뇌 과학이 인생에 필요한 순간』 저자

인간관계 속 고민이나 평소 마음에 들지 않던 습관의 뿌리를 찾으면 어지러운 일상에 명확한 표지판이 생긴다. 특히 과학적인 근거에 기반한 원인 찾기가 그렇다. 뇌과학은 우리가 부정하고 감추고 싶어 하는 부정적인 감정들이 지극히 정상적이라고 말한다. 적으로부터 살아남기 위해 발달된 부정적인 감정들 덕분에 인류가 이토록 진화할 수 있었기 때문이다. 현대인의 성장에 비효율적이라 치부되는 부정적 감정들이 실은 우리 모두가 갖고 있는 뇌의 보편적 특성이라는 사실을 아는 순간 마음이 편해진다. 때론 과학이 그 어떤 위로의 말보다 위안을 주기도 한다. 삶을 살아가며 나만의 문제가 아닌 인류 보편의 특성과 편향을 알게 되는 것은 중요하다. 실체를 모르던 감정의 뿌리를 찾게 되면 어떻게 살아가야 하는지 조금씩 실마리가 잡히기 때문이다. 부정적인 감정이 들 때 자책하는 편이라면 이 책을 펴보자. 좀처럼 답을 내기 어려운 상황이나 관계, 고민에 힌트가 되는 실용적인 조언들로 가득하다. 평소 뇌과학 이야기가 따분하고 어렵게 느껴졌더라도 친근한 문제로 쉽게 풀어낸 저자의 책을 읽다 보면 조금씩 나 자신을, 아니 나의 뇌를 이해하게 될 것이다. 이제 이 책과 함께 내 탓이 아닌, '뇌' 탓을 하며 함께 앞으로 나아가보자.

_**희렌최** 65만 유튜브 채널 《희렌최널 Hirenze》 운영자, 『호감의 시작』 저자

우리는 앞으로
어떻게 살아야 할까?

우리는 앞을 내다보기 어려운 시대를 살아가고 있습니다. 물론 길고 긴 역사 속에서 앞날이 뚜렷하게 보이는 시대는 없었습니다. 하지만 오늘날은 유난히도 시간과 정보가 유례없는 속도로 급격하게 변화하고 있습니다. 변화에 신속하게 대처해야만 하는 시대가 되었지요.

특히 2019년에 창궐한 코로나19는 갑작스럽게 팬데믹 상태를 몰고 와 우리의 삶을 순식간에 덮쳤습니다. 그때까지 당연하게 여기던 일상이 단 며칠 사이에 급변하는 사태를 생생히 겪었습니다. 평소 우리 생활의 근간을 이루던 의료 관계자나 필수 노동자essential worker(의료나 복지 등 비상 상황에서 사회 기능 유지를 위한 핵심 서비스를 제공하는 직무에 종사하는 노동자—편집자)에게 큰 부담이 닥쳐온 것입니다. 외출과 행동이 제한되자 요식업과 관광업이 휘청거렸고, 일자리에 심각한 타격을 입은 사람도 셀 수 없을 정도로 많이 생겨났습니다. 사람들은 경제적 불안감에 사로잡혔고, 실제로 직장을 잃거나 사업을 포기해야 하는 경우도 많았습니다. 아이들도 가장 중요한 교육의 기회를 일시적으로 빼앗기거나 제한받았지요.

2023년 5월, 세계보건기구^{WHO}는 코로나19로 인한 비상사태가 종료되었다고 공식 발표했지만, 코로나는 지금까지도 존재하고 있습니다. 게다가 2022년 2월에는 러시아가 돌연 우크라이나를 침략해 전 세계에 크나큰 충격을 안겨주었습니다. 서로 돕고 어울려 살아가는 사회를 지향하며, 하나로 이어져 있던 세계 경제 시스템이 또다시 큰 위험에 노출되고 만 것이지요. 세계적으로 에너지 자원 조달이 어려워진 지역이 속출하고, 물가가 급격히 치솟는 등 우리의 일상생활은 직격탄을 맞았습니다.

조금 더 시야를 넓혀보면, 우리는 애당초 우리 자신의 행위로 인해 기후 변동이라는 전지구적 규모의 변화 한가운데 서 있게 되었습니다. 매년, 폭우와 열파$^{heat\ wave}$(여름철에 나타나는 이상 고온 현상—옮긴이)는 지금까지의 통계로는 예측할 수 없는 이상 수치를 경신하고 있습니다. 이로부터 시작된 자연재해가 세계 각지를 덮치기도 했고요. 탈탄소화(지구온난화의 원인인 이산화탄소의 발생량을 감축하거나 제거하는 일—옮긴이)를 위한 움직임이 시작되었지만, 국가마다 의도하는 바가 다르다 보니 서로 효과적으로 연대해 대처하지 못하고 있는 실정입니다.

인간은 이처럼 불안정한 상황이 가하는 압박을 안일하게 여기고도 살아남을 수 있을 만큼 강인한 존재일까요? 언제 일어날지 모를 사상 초유의 재해와 경제 위기, 전쟁 같은 위태로운 상황이 반복되고 있습니다. 어쩌면 오늘날 인류는 시험을 당하고 있다고 할 만큼 위기의 국면에 처해 있는 건지도 모르겠습니다.

여러분은 다음과 같은 생각과 느낌 속에서 살고 있지는 않나요? 아마도 많은 분이 공감하리라 생각합니다.

- 지금까지 잘해오던 방법이나 사고가 더 이상 통하지 않는다.
- 앞을 내다볼 수 없는 탓에, 미래를 생각하면 과연 잘해나갈 수 있을지 무척 불안하다.
- 이런 시대에 성공한 사람을 보면 심통이 나서 치솟는 화를 억누를 수가 없다.
- 직장 생활이 고달프고, 동료나 이웃과의 인간관계가 자꾸만 삐걱거린다.
- 상사의 불합리한 갑질에 시달리고 있지만, 직장을 그만둘 수 없는 노릇이라 이러지도 저러지도 못하는 상황이다.
- 돈 걱정이 끊이질 않고 언제나 근근이 살아가고 있다.
- '왜 나만?'이라는 억울한 마음에 기분이 너무나 울적하다.
- 세상으로부터 부정당하는 것만 같아 매사에 자신감이 없다.

이러한 마음을 가진 우리는 대체 어떻게 세상을 살아나가야 할까요?

이 책은 그 해답을 찾는 실마리를 뇌과학과 심리학에서 찾습니다. 과학적 지식을 토대로 한 사고방식과 더불어 구체적인 대처 방법을 소개합니다.

사실 미래에 불안감을 느끼거나, 잘나가는 사람을 시샘하거나, 자신을 부정하면서 불쾌한 감정을 갖는 것은 전혀 이상한 일이 아닙니다. 뇌과학의 관점에서 보면 부정적인 감정을 느끼는 것은 인간으로서 지극히 정상이니까요. 본래 뇌에는 외부의 적으로부터 우리의 몸을 지키고 생존하기 위해 불안이나 두려움 같은 '불쾌한 감정'을 느끼게 하는 기능이 갖춰져 있습니다. 분명 아득히 먼 옛날에도 인류가 짐승의 공격에 목숨을 잃지 않으려면 이 기능이 중요했을 것입니다. 과거의 괴로운 경험을 또렷이 기억했다가 똑같은 상황에 맞닥뜨릴 위험이 생기면 더욱 민감하게 불안과 두려움을 감지해 사태를 회피해야 했을 테니까요. 하지만 인간의 타고난 능력이 오늘날을 살아가는 데는 오히려 족쇄가 되거나 주위와의 균형을 깨뜨리기도 합니다.

이때 중요한 점은 일단 뇌의 특성을 이해하는 것입니다. 그리고 자신에게 닥친 상황에 맞게 직접 판단하고 적절하게 대처해나가야 합니다. 이 책에서는 많은 사람이 고민하는 인간관계, 연애, 돈 문제를 비롯해 건전한 자존감을 키우는 법, 불안이나 질투 같은 '부정적인 감정'을 다루는 법을 소개합니다. 또한 자신을 변화시키기 위한 올바른 노력과 운에 관해서도 살펴볼 것입니다. 모두 '자신을 소중하게 대하는 비법'이라고 할 수 있겠네요.

이 책에서 소개하는 100가지 방법을 생활 속에서 조금이라도 활용할 수 있다면 새로운 길이 열릴 것입니다. 더욱 자유롭고 나다운 삶은 살아갈 수 있을 테지요. 이때 근거 없는 정보에 휘둘리지 않는 것이 중요합니다. 더불어 스스로를 존중하면서 책에서 언급하는 '메타 인지meta cognition' 능력을 활용해 올바르게 자신을 통제해나가야 합니다.

여러 방법 중에서 자신이 관심 있는 부분부터 활용해도 좋습니다. 어느 단락, 어느 페이지든 상관없이 가벼운 마음으로 읽어보세요. 뇌과학을 토대로 한 사고방식을 일상생활에서 꼭 실천해보길 바랍니다. 여러분 모두 뇌를 잘 활용해 현명하고 즐겁게 살아가면 좋겠습니다.

차례

머리말 8

들어가며 18

제1장 인간관계

001 '저 사람, 싫어!'라는 마음을 우선하라   26

002 인간관계에서 오는 고민은 언어로 해소하라   28

003 사람은 말과 행동이 일치하지 않는 게 당연하다   30

004 '나'를 주어로 하면 상대의 마음을 움직일 수 있다   32

005 상대와의 관계에서 신뢰감을 형성하는 방법   34

006 당신이 상대를 도우면 상대도 당신을 돕고 싶어 한다   36

007 남의 탓으로 돌리지 않으면 모든 일을 해결할 수 있다   38

008 불편한 사람의 입장에서 다시 생각해보라   40

제2장 처세술

009 상대에게 확실한 선을 그어라   46

010 비열한 행위에는 굴하지 않는 태도를 보여라   48

011 상대가 무례한 말과 행동을 하면 말로 약점을 찔러 대응하라   50

012 가족이라는 이유만으로 사이좋게 지낼 필요는 없다   52

013 칭찬 전략이 꼭 성공하는 것은 아니다   54

014 결과가 아니라 과정을 칭찬하라   56

015 잘 살기 위해서는 화를 낼 줄 알아야 한다   58

016 소속된 집단에서 튀지 않는다면 오히려 주의하라   60

제3장 사랑

017 현명할수록 연애 기회를 놓치기 쉽다   66

018 바람둥이는 뇌의 유형이 결정한다   68

019 도파민은 연애 성향에 영향을 준다   70

020 도파민이 과도하게 분비되면 '연애 의존증'에 빠진다   72

021 당신의 연애 성향은 대부분 옥시토신에 따라 결정된다   74

022 생물학적으로 인간은 일부다처형이다   76

023 연인이나 부부이기 전에 한 인간으로 인식하라   78

024 좋아하는 일을 추구하면 언제까지나 매력적일 수 있다   80

025 연애의 자극이 끝난 후의 시간을 생각하라   82

026 상대의 이야기를 귀담아들어라   84

제4장 돈

027 돈의 가치는 신뢰로 만들어진다   90

028 부자로 보이는 사람은 쉽게 협력을 얻을 수 있다   92

029 돈을 많이 버는 것을 나쁘게 생각하는 경향이 있다   94

030 돈을 쓰도록 조종당했을 가능성이 크다   96

031 좋은 식생활과 인간관계가 당신의 재산을 지킨다   98

032 타인에게 속지 않으려면 메타 인지를 키워야 한다   100

033 과한 도파민이 도박 중독을 일으킨다   102

034 사람은 금액보다 타인과의 차이에 더 민감하다   104

035 평소 돈에 관해 생각하고 사소한 도전을 반복하라   106

제5장 자존감

036 타인과 비교하지 말고 있는 그대로의 나로 살아가라   112

037 쓸데없는 일이 인간을 인간답게 한다   114

038 새로운 일을 접할 때마다 조금씩 나다워진다   116

039 자기혐오에 빠질 때 한 발 더 성장한다   118

040 자신이 싫어하는 부분을 재능으로 바꿀 수 있다   120

041 칭찬으로 더 나은 사람이 될 수 있다   122

042 겉모습을 가꾸면 자연스럽게 자존감도 높아진다   124

043 당당한 자세를 취하면 긍정적인 마음이 생긴다   126

044 이타적으로 행동하면 자존감이 높아진다   128

045 타인의 힘을 활용해야 마지막에 살아남는다   130

046 뇌, 체질, 사고방식 등 당신의 패는 이미 돌려졌다   132

제6장 감정

047 쓸데없는 불안을 두려워하지 마라   138

048 뇌에는 불안에 사로잡히지 않게 하는 기관이 갖춰져 있다   140

049 불안할 때는 뇌를 속여보라   142

050 뇌는 환경 변화에 대응해 빠르게 생존 전략을 바꾼다   144

051 누군가와 비교하지 않으면 뇌는 행복을 느끼기 어렵다   146

052 시기심은 인간적인 감정이다   148

053 타인의 시기로부터 자신을 보호해야 한다   150

054 협조성은 하나의 생존 전략이다   152

055 협조성은 집단 압력으로 작용한다 154

056 타인을 깎아내리는 사람에게서 당장 떨어져라 156

057 뇌가 작동할 수 있는 여유를 만들어라 158

058 대부분의 걱정은 오히려 좋은 일로 이어진다 160

제7장 노력

059 노력을 못한다고 자기혐오에 빠질 필요는 없다 166

060 보상을 이용해 노력하는 습관을 들여라 168

061 게임처럼 하면 즐기면서 계속할 수 있다 170

062 성과를 올리는 좋은 방법은 목적, 전략, 실행이다 172

063 잘할 수 있는 방법만 알면 모든 일을 할 수 있다 174

064 잘하는 일에 집중하면 주위에서 인정받는다 176

065 적절한 스트레스가 없으면 의욕이 사그라든다 178

066 사람은 어려운 상황을 극복할 때 성장한다 180

067 집중하려 애쓰지 말고 집중하기 쉬운 환경을 만들어라 182

제8장 공부

068 좋아하는 마음이 있으면 즐겁게 공부할 수 있다 188

069 내가 실제 겪은 일처럼 생각하면 쉽게 잊히지 않는다 190

070 무작정 시작하지 말고 '공부 지도'를 만들어라 192

071 공부를 잘하려면 좋아하는 마음이 있어야 한다 194

072 스스로 생각하다 보면 지적 즐거움을 얻을 수 있다   196

073 집중력은 사람마다 다르다   198

074 생활 습관을 바로잡으면 집중력을 제어할 수 있다   200

075 일단 시작하면 의욕은 따라온다   202

제9장   운

076 논리적으로 생각해보면 인생은 불공평하다   208

077 운이 좋은 사람에게는 좋은 일이 더 자주 일어난다   210

078 목표 달성률을 높이려면 언어성 지능을 단련하라   212

079 꾸준한 독서는 언어성 지능을 향상시킨다   214

080 책을 스승으로 삼아 인생의 목표에 다가가라   216

081 오감을 통해 지식을 습득하라   218

082 실력이 비슷하다면 승부는 겉모습으로 결정된다   220

083 재미를 기준으로 결정하면 건강해질 수 있다   222

084 운이 좋다고 생각하면 실제로 운이 좋아진다   224

085 확신의 힘을 이용하면 인생이 좋은 방향으로 움직인다   226

086 운이 좋은 사람과 함께 있으면 말과 행동이 닮아간다   228

087 사람은 바라보는 방향으로 나아간다   230

제10장 인생

088 자신의 자원을 찾아 자유롭게 가능성을 넓혀라 236

089 사회가 필요로 하는 일과 내가 잘하는 일을 모두 잡아라 238

090 인생의 질을 높이려면 안이한 결론을 따르지 마라 240

091 오늘날에는 다른 의견을 포용하는 힘이 필요하다 242

092 선택한 길을 정답으로 만드는 힘을 키워라 244

093 긍정적인 고정관념은 능력 발휘를 돕는다 246

094 차림새만 신경 써도 상대가 얕보지 않는다 248

095 왠지 불안할 때는 직감이 주는 메시지를 따르라 250

096 메타 인지 능력을 높여 잘못된 판단을 미연에 방지하라 252

097 정보를 구하는 데 더 많은 공을 들여라 254

098 스스로를 인정하면 인생의 질이 높아진다 256

099 선의의 거짓말을 활용해 서로에게 득이 되게 하라 258

100 남은 인생에서 가장 젊은 지금, 새로운 일에 도전하라 260

'나'에게 집중하며
혼란한 시대를 살아가는 법

점점 더 앞날이 보이지 않는 시대가 되었다

21세기로 들어선 이후, 현재 우리가 살아가는 세계는 무척이나 혼란스러워진 듯합니다. 무엇보다 우리를 경악하게 한 사건은 코로나19가 예상치 못하게 전 세계를 덮쳤던 일이 아닐까요? 팬데믹의 발발로 많은 사람이 몸과 마음의 건강을 다치고 소중한 사람을 잃었습니다. 요식업과 관광업을 비롯해 일자리를 잃은 사람이나 어쩔 수 없이 사업을 축소한 사람도 부지기수였지요.

경기를 전망하기가 더욱 어려워진 탓에 미래에 대한 불안감에 휩싸인 사람도 나날이 늘고 있습니다. 2022년에는 러시아가 우크라이나를 침공했습니다. 잘못된 역사에서 얻은 교훈을 따라 살아오던 인류가 21세기에 또다시 옛날과 같은 방식으로 전쟁을 일으키는 모습을 생생히 보여주었지요. 결과적으로 에너지 부족에 대한 우려와 인플레이션 등 경제 불안이 다시금 전 세계를 뒤흔들고 있습니다.

과학적 견해를 토대로 한 방법이 있다

이러한 사건과 현상들이 어느 날 갑자기 일어났다고 생각할지 모르지만, 실은 이미 각 분야의 전문가들은 꾸준히 경종을 울려왔습니다. 그런 의미에서 지구온난화로 인한 자연재해 또한 전례 없는 규모로 일어나고 있는 현상 중 하나입니다.

이와 같은 시대를 살아가다 보니 미래에 대한 불안과 두려움을 느끼지 않기가 오히려 더 어려울 지경입니다. 불안과 두려움 때문에 아무 죄 없는 타인에게 불합리하게 신경질을 내거나 분노를 느끼기도 하고, 불안한 감정이 커지다 못해 급기야는 우울과 절망의 늪에 빠지는 사람도 늘어나고 있습니다.

앞으로 우리는 무엇에 희망을 품고, 어떻게 인생을 살아가야 할까요? 물론 그 답은 사람마다 다르겠지만, 이 책에서는 뇌과학과 심리학의 관점을 바탕으로 어떻게 살아가야 하는지 단서가 될 만한 사고방식을 소개하고자 합니다. 더욱 구체적인 방안을 찾아내 현명하고 평안하게 살아가기 위해 알아야 할 비법 100가지를 주제별로 묶었습니다.

타인은 바꿀 수 없지만 자신은 바꿀 수 있다

1장에서는 인간관계에 관한 고민에서 벗어나는 실마리를 소개하려고 합니다. 인간관계는 수많은 사람이 안고 있는 고민거리라고 할 수 있지요. 인간관계에서 비롯된 고민에 대처할 때 가장 명심해야 할 기본적인 사고는 '타인은 바꿀 수 없다'입니다. 그 누구도 타인을 자신이 원하는 대로 조종할 수 없습니다. 설령 어떤 특정한 조건하에서 그런 일이 가능하다 하더라도 결코 그렇게 해서는 안 되겠지요. 하지만 대처 방법이나 주변 환경을 바꿔 타인에게서 받는 영향을 조절할 수는 있습니다. 바로 그 단서가 될 만한 사고방식을 알려드리겠습니다.

2장에서는 특정 인간관계에 초점을 맞춘 대처법을 소개하는데요. 오늘날에는 직장과 학교 등 조직 사회에서 권력을 이용한 갑질이나 성희롱이 심각한 문제로 떠오르고 있습니다. 피해를 당한 사람, 또는 그런 일을 당할 수도 있는 환경에 놓인 사람이 많아졌지요. 수많은 사람이 직장, 가정, 육아에서 갈등하고 고민하는, 이른바 '불편한 사람'과의 관계를 현명하게 조율하는 방법을 알려드리겠습니다. 그 밖에도 일관성 없는 태도로 자녀를 키우는 부모를 위해 아이에게 제대로 칭찬하는 방법 등 유익한 정보와 실천하기 쉬운 대처법을 살펴보고자 합니다.

욕망에 사로잡히지 않으려면

3장에서는 인간의 욕망과 깊은 관계를 맺고 있는 사랑과 연애에 대해 뇌과학이 밝힌 흥미진진한 사실을 전해드리려고 합니다. 뇌과학의 관점에서 보면, 가령 '쉽게 뜨거워지고 쉽게 식는' 연애 성향은 선천적인 요소의 영향을 크게 받습니다. 만약 부정적으로 인식될 수 있는 연애 성향을 가지고 있다고 해도 생물로서는 절대 이상하지 않다는 말이지요. 단지 그 사람에게 주어진 하나의 선천적 요소일 뿐이기 때문에 얼마든지 좋은 방향으로 활용할 수 있습니다. 이런 뜻밖의 사실을 소개하면서 연애를 순조롭게 이어나가 원하는 기회를 잡는 요령도 함께 알려드리겠습니다.

4장에서도 역시 인간의 욕망과 엮여 우리의 마음을 거세게 뒤

흔드는 '돈'에 관해 이야기합니다. 우리는 대개 냉정한 태도로 돈을 마주하고 있다고 생각하지만 실제로는 돈에 휘둘릴 때가 많습니다. 더구나 요즘 세상에는 자꾸 돈을 쓰게끔 만드는 장치가 곳곳에 깔려 있습니다. 이런 사회구조로부터 자신을 지키기 위해 스스로를 객관적으로 바라보는 메타 인지 능력과, 반드시 알아둬야 할 새로운 관점을 설명하려고 합니다.

부정적인 감정을 인정하고 자신을 긍정하라

5장에서는 시선을 '나'에게로 돌려 건전한 자존감을 높이는 방법을 이야기합니다. 스스로 자신을 부정하는 상황에서는 평소에는 손쉽게 대처할 수 있는 일도 좀처럼 현명하게 해결할 수 없습니다. 주위에 휘둘리지 않으려면 먼저 마인드셋을 단단히 갖추고 대처법을 바꾸는 등 자신의 내면에 다가서야 합니다. 건전한 자존감을 키우기 위한 태도와 실천 방법을 소개합니다.

6장은 불쾌한 감정이라는 용어를 중심으로 부정적으로 흐르기 쉬운 마음에 관해 살펴보겠습니다. 앞날이 보이지 않는 오늘날, 불안과 두려움, 분노 같은 감정에 사로잡히는 사람이 점점 늘고 있습니다. 질투와 시기의 감정도 사람을 불쾌하게 하는 요소이고, 누구나 그런 감정의 표적이 될 수 있습니다. 이에 대응할 수 있도록 불쾌한 감정이 왜 생기는지, 그 감정에 어떻게 대처해야 좋을지를 구체적인 방법과 함께 알려드리겠습니다.

노력을 위한 효과적인 방법

7장에서는 올바르게 노력하는 방법에 관해 살펴보겠습니다. 여러분도 '열심히 해보자!' '나를 바꿔보는 거야!'라며 마음을 굳게 먹고 다이어트나 운동, 공부 등 새로운 일을 시작할 때가 있을 겁니다. 하지만 그렇게나 단단히 결심해놓고 어느 사이엔가 슬그머니 손을 놓아버렸던 경험은 없었나요?

결심을 굳히고 열심히 노력하면 큰 만족감이 따라오기 마련입니다. 그런데 노력이 그저 자기만족에 그치고 마는 경우가 많고 지속하기 힘든 것도 사실입니다. 무턱대고 두 주먹을 불끈 쥐고 닥치는 대로 애쓴다고 해서 자신이 원하는 결과가 나오는 게 아닙니다. 꾸준히 노력하려면 과학적으로 뒷받침된 효과적인 방법을 써야 합니다. 지금까지 쌓아온 지식을 활용해 스스로를 더욱 좋은 방향으로 바꿔나가는 올바른 노력 방법을 알려드리겠습니다.

8장에서는 이러한 노력 중에서도 제가 자주 질문받는 '공부'에 초점을 맞추려고 합니다. 공부 역시 계속 집중하기 어려운 일이다 보니 많은 사람이 고민하는데요. 공부에도 효과적인 방법은 있습니다. 이 장에서는 뇌과학의 관점에서 공부에 집중하고 지속할 수 있는 비결을 밝히고, 참고 자료로 제가 지금까지 어떻게 공부해왔는지도 알려드리려고 합니다.

선택한 일을 정답으로 만들어가는 힘

9장에서는 노력에서 관점을 바꿔, 역시 많은 사람이 관심을 두고 있는 '운'에 대해 살펴보겠습니다. 사람들은 대부분 운이라고 하면 자신의 힘으로는 어찌할 수 없는 일이라고 인식하는 경향이 있습니다. 하지만 실제로 운이 좋은 사람과 운이 나쁜 사람을 가만히 관찰해보면, 운을 좋은 쪽으로 끌어가는 마음과 행동이 있다는 사실을 깨닫게 됩니다. 자신이 하는 말과 바깥으로 드러나는 겉모습의 중요성, 그리고 믿음이 지닌 힘을 알아보며 운을 좋은 쪽으로 이끄는 훈련을 함께 해보겠습니다.

마지막 10장에서는 지금까지 소개한 방법을 활용해 인생의 질을 높이기 위해 알아야 할 자세와 사고방식을 전해드리겠습니다. 오늘날처럼 미래가 불투명한 시대에는 직접 생각하고 고민해 나름대로 정답을 도출해가는 자세가 중요합니다. 이 책에서 종종 언급하는 메타 인지의 효과를 끌어올리는 것도 중요하지요. 올바른 정보를 입수하고 자기 자신을 확실히 파악함으로써 무엇에도 휘둘리거나 얽매이지 않는 '나'를 만들어나가야 합니다.

자신을 더욱 소중하게 여기자

이 책에서 전하고 싶은 메시지를 한마디로 정리하자면, '자신을 소중하게 여기자'라고 할 수 있습니다. 자신이 직접 생각하고 판단한 '나'를 인정할 수 있다면 인생의 만족도는 분명히 높아질 것입니다. 이제 이 책을 '행복한 인생'을 보내기 위한 도구로 마음껏 활용하길 바랍니다.

나카노 노부코

제1장　　　　인간관계

'저 사람, 싫어!'라는 마음을 우선하라

001

불쾌한 감정은 위험을 피하기 위한 경보

누구에게나 '저 사람은 좀 불편해' '그 사람, 싫어'라는 생각이 드는 상대가 있을 것입니다. 세상을 살아가면서, 마음이 맞지 않는 사람과의 관계가 삐걱거리는 상황을 자주 맞닥뜨릴 텐데요. **그럴 때는 싫다고 느끼는 자신의 감정에 더욱 솔직해져야 합니다.** 싫다는 감정은 사람이 생존하는 데 꼭 필요한 것으로, 신변의 위험을 피하기 위한 경보니까요.

싫은 감정을 억누르면 몸과 마음의 건강에 이상이 생긴다

대부분의 사람은 싫다는 감정을 느꼈을 때, 그 감정이 밖으로 드러나지 않게 이성으로 다스리려는 습성이 있습니다. 부정적인 감정을 고스란히 표출했다가는 주위 사람들로부터 제멋대로라는 둥, 성격이 안 좋다는 둥 마음이 상하는 말을 들을 게 뻔하니까요. 물론 부정적인 감정을 숨기거나 억누르는 것은 성숙한 어른으로서 분명히 갖춰야 할 소양입니다. 하지만 자신의 솔직한 감정을 지나치게 무시하면 중요한 경보를 알아채지 못하게 됩니다. **그렇게 되면**

상대가 뜻하는 대로 이용당하거나 좋은 기회를 놓칠 수도 있고, 장기적으로는 몸과 마음이 병들 수도 있습니다. 건강했던 몸과 마음이 균형을 잃고 말과 행동이 불안정해지면서, 인간관계에 갈등과 문제가 일어날 빌미를 만들게 되는 것이지요.

당신은 상대와 똑같은 결점에 신경이 곤두서 있다

누군가에게 불쾌한 감정이 생겼다면, 일단 스트레스를 느끼고 있는 자신에게서 한 발짝 물러나 거리를 두고 자신을 관찰해보면 좋습니다. **방법은 간단합니다. '나에게 그 사람과 똑같은 면이 있나?'라고 물어보면 됩니다.** 상대에게 싫은 감정을 느끼거나 신경이 곤두서 있는 까닭은 대부분 자신에게 상대와 비슷한 면이 있거나, 그 사람과 비교했을 때 자신의 열등한 부분 또는 감추고 싶은 약점이 드러나 보이기 때문입니다. 평소 '이런 면이 없으면 좋을 텐데'라는 마음이 있기에 그 약점을 노골적으로 드러내는 상대에게 불쾌한 감정을 느끼게 되는 것이지요.

타인이 아닌 자신에게로 눈을 돌려라

그럴 때는 되도록 빨리 '내가 싫어하는 건 나의 이러한 점이다'라고 확실히 정해야 합니다. 이렇게 정하면 자신의 힘으로 바꾸거나 조종하기 어려운 타인의 성격이 아니라 훨씬 더 다루기 쉬운 자기 자신에게 문제를 돌리게 되어 마음이 편해집니다. 물론 대처하기도 쉬워지고요.

002 인간관계에서 오는 고민은 언어로 해소하라

핵심 한마디 | **성격은 언어로 표현할 수 있다**

상대는 대화를 통해 당신을 판단한다

우리는 대개 함께 주고받는 대화와 겉으로 드러난 모습으로 상대의 성격이나 인격을 판단합니다. 상대가 자신감 있는 말투로 말하는지, 쭈뼛쭈뼛 눈치를 보며 머뭇거리는지, 잘난 척을 하는지, 친근한 말투를 쓰는지 바로 알 수 있습니다. 그래서 우리는 상대가 어떤 사람인지 본질을 파악하기도 전에 그 사람이 사용하는 단어나 말투만으로 놀라울 만큼 어설프고 빠르게 판단을 내려버리지요. **이를 뒤집어 생각해보면, 대화를 통해 드러나는 언어적 측면과 겉으로 보이는 태도만 연구하면 내가 원하는 '나'를 상대에게 보여줄 수 있다는 것입니다.**

말을 가꾸고 다듬으면 인간관계에서 오는 고민이 해소된다

불편한 상대를 만났을 때, 상대의 감정을 누그러뜨리거나 가볍게 받아넘길 수 있다면, 또는 분노를 피할 수 있는 단어와 표현을 자유자재로 구사할 수 있다면 어떨까요? 설령 상대가 당신의 고유 영역까지 무례하게 헤집고 들어오는 일이 생기더라도 빠르고 침착하게 대처할 수 있을 것입니다. **언어가 당신을 지키는 방패이자 무기인 셈이지요.**

인간관계에서 비롯된 갈등의 원인이 성격에 있다고 해도, 억지로 그 성격을 바꾸려 하기보다는 사용하는 어휘를 정확하게 구사하는 훈련을 하는 것이 고민 해결의 지름길이 될 수 있습니다. 소소한 대화로 상대에게 웃음을 안겨주거나 자리의 분위기를 부드럽게 만든다면 다가가기 편하고 사교적인 성격이라는 인상을 줄 것입니다. 예리한 한마디로 재치 있게 말을 받아친다거나 속담을 섞어 이야기하면 지적인 인상도 줄 수 있겠지요. 경우에 따라서는 일부러 까다로운 성격을 연출하는 것도 효과적일 수 있습니다. **주어진 상황에 맞춰 어떤 모습을 보여야 더욱 원활하게 소통할 수 있을지, 그 자리를 설계하는 능력을 키워가는 것이 중요합니다.**

상대에 맞춰 성격을 바꿀 필요는 없다

인간관계의 고민을 해소하려고 자신의 성격을 바꾸겠다는 접근 방식은 매우 어려울뿐더러 시간도 많이 듭니다. 애초에 타인에게 맞춰 자신의 내면까지 바꿔야 하는 건 너무 부담이 큰 데다가 그다지 썩 내키는 일도 아니지요. 차라리 언어를 다듬고 가꿔서 그 자리에 적절한 대처 방안을 신속하게 준비하는 편이 자신에게도 상대에게도 훨씬 더 가치 있는 일 아닐까요?

003 사람은 말과 행동이 일치하지 않는 게 당연하다

핵심 한마디 | 타인에게 일관성을 요구하지 마라

말과 행동이 어긋나면 신뢰가 무너진다

말과 행동의 불일치는 인간관계를 무너뜨리는 또 하나의 주요 원인입니다. 가령 "당신이 세상에서 가장 소중해"라고 속삭이던 배우자 또는 연인이 배신한다거나, "자네에게 기대하고 있네"라고 말하며 격려하던 상사가 정작 중요한 업무를 맡기지 않아 신뢰 관계가 깨지는 사례는 놀라울 정도로 많습니다. 최근 젊은 사람들이 직장을 그만둔 결정적인 계기는 신뢰 관계가 깨진 데 있다는 말도 자주 들립니다. 어쩌면 상대의 말과 행동이 일치하지 않는 것을 보고 그런 결정을 내렸는지도 모릅니다.

감정적으로 날이 섰을 때야말로 자신을 되돌아보라

상대의 말과 행동이 일치하지 않으면 분명 기분이 좋지는 않겠지요. 우리는 왜 불쾌함을 느끼는 걸까요? 나는 상대를 깊이 신뢰하고 있었는데, 어느 날 그 기대와 다른 일면을 알아차렸다고 가정해봅시다. 이럴 때 상대를 용서할 수는 없는 걸까요?

내가 상대를 용서할 수 없다고 해도 상대에게는 그만의 살아가는 방식과 생활이 있습니다. 지금까지 자라온 환경이나 생활 습관이 있으며, 반드시 지켜야만 하는 일들이 있을 것입니다. **그러니 상대에게 분노가 치밀 때는 나 또한 상대의 기대를 완전히 만족시키기는 상당히 어렵고, 그것은 큰 부담이 따르는 일이라는 사실을 떠올려보세요.** 그러면 말과 행동을 일치시킨다는 것이 생각보다 훨씬 더 어려운 일임을 실감할 수 있습니다.

일관성을 바라지 않으면 타인에게도 휘둘리지 않는다

상대가 자신이 상상한 규범 안에서 행동하고 있다는 전제하에 구축된 신뢰 관계는 깨지기 쉽습니다. **하지만 상대가 예측하지 못한 말이나 행동을 하더라도, 그 사람과의 관계를 더욱 견고하게 다져가자는 마음에서 구축된 신뢰 관계라면 상대에 대한 기대를 전제로 하지 않는 한 무너지지 않지요.** 인터넷상에서 유명인에게 "말과 행동이 왜 이렇게 달라?" "논리적으로 말이 안 되잖아!"라고 비난하는 사람이 종종 있습니다. 물론 일관성이 없다는 데 충격을 받았다는 것은 그만큼 그 사람에게 기대했다는 뜻이겠지요. 어쩌면 심리적으로 의존하고 있었다는 방증일 수도 있고요.

다만 반사적으로 공격부터 하기보다는 스스로를 먼저 돌아보는 편이 좋습니다. **타인에게 휘둘린다는 것은 타인에게 지나치게 기대하고 있다는 뜻이기도 하니까요.** 남보다는 나에게 기대하며, 자신을 더욱 여유롭고 강하게 만들어가는 것이 훨씬 더 현명한 삶이 아닐까요?

'나'를 주어로 하면
상대의 마음을 움직일 수 있다

004

핵심 한마디 | **나의 마음을 직접 전해보라**

칭찬은 단지 겸손만 불러온다

인간관계를 매끄럽게 만들기 위해서는 상대가 공감할 수 있게 말하는 습관을 들여야 합니다. 예를 들어, 회사 동료나 부하, 자녀가 좋은 성과를 얻었을 때 "대단한데!" "잘했어!" 같은 칭찬으로는 마음을 고스란히 전할 수 없습니다. 이는 칭찬을 주고받는 데 익숙하지 않은 동양인의 특성일지도 모릅니다. 하지만 칭찬을 들은 상대가 "그 정도로 대단한 일은 아닌걸요" "아휴, 아닙니다"라고 말하며 지나치게 겸손한 태도를 보이기 때문일 수도 있습니다.

"잘했어!"보다는 "난 정말 놀랐어!"라고 말해야 한다

이런 상황에서 상대의 공감을 얻으려면 '나'를 주어로 말해야 합니다. "대단한데!" "잘했어!"도 상대를 칭찬하는 표현이기는 합니다. 하지만 주어가 상대이기에 '나'의 존재가 없습니다. 이는 상대에게 거리감을 주지요. **이때 거리감을 확 줄이고 싶다면 "나는 네가 노력하는 모습에 정말 놀랐어!"와 같이 주어에 '나'를 넣어 말해보세요.** 그 말을 들은 상대의 마음은 금방 따뜻해질 것입니다.

'나'를 주어로 하면 사회적 인정으로서의 메시지가 전달된다

예전에 이러한 화법을 아주 훌륭하게 쓰던 일본의 정치인이 있었습니다. 바로 고이즈미 준이치로小泉純一郎 전 총리인데요. 2001년에 열린 스모 선수권 대회에서 우승한 다카노하나 고지貴乃花 光司 전 스모 선수에게 건넨 칭찬이 유명한 일화로 남아 있습니다. 그는 당시 총리배를 수여하며 "고통을 견뎌내고 잘 싸웠어, 감동했네!"라고 말했는데, 이 표현이 바로 '나'를 주어로 한 전형적인 화법입니다. **사람은 다른 사람에게 인정을 받거나 본인의 업적과 가치를 높게 평가받으면 그에 부응하려는 습성이 있습니다.** '나'를 주어로 하는 칭찬은 상대에게 사회적 인정으로서 온전히 전달되고, 주변 사람들에게까지 감동을 전하는 힘을 지니고 있습니다.

알아주다니 진짜 고마워!

나는 네가 노력하는 모습에 정말 놀랐어!

칭찬으로 상대의 마음을 움직이려면 '나'를 주어로 솔직한 느낌과 놀라움을 전달하라. 그러면 상대의 마음을 움직일 수 있다.

상대와의 관계에서 신뢰감을 형성하는 방법

핵심 한마디 | **상대와 눈을 맞추고 이야기하라**

행복 호르몬 '옥시토신'이 거리를 좁힌다

행복 호르몬으로 불리는 '옥시토신'의 존재를 아시나요? 옥시토신은 뇌의 시상하부hypothalamus에서 합성되어 뇌하수체의 제일 뒷부분인 뇌하수체후엽posterior pituitary에서 분비되는 뇌 내 물질입니다. **주로 상대에게 친근감을 주거나 애착을 느끼게 하고, 상대와 마주 보고 대화만 해도 분비됩니다.** 나아가 손을 잡는다거나 어깨나 무릎을 대는 등의 스킨십은 옥시토신 분비를 더욱 촉진합니다.

상대의 이름을 부르면 신뢰 관계를 맺기 쉽다

옥시토신이 분비되면 상대에 대한 신뢰감과 안정감이 생겨납니다. 임상심리학에서는 사람과 사람 사이의 신뢰 관계를 '라포르rapport'라고 부르는데, 이 라포르가 형성되는 데 필요한 물질이 바로 옥시토신입니다. **효과적으로 라포르를 형성하고 싶다면 상대의 이름을 부르면 됩니다.** 실제 우수한 판매 실적을 올리는 영업 사원이나 고객을 직접 대하는 직종, 그리고 정치인에 이르기까지, 사람의 마음을 사로잡는 데 탁월한 사람들은 상대의 이름을 절대로 잊지 않고 있다가 다시 만났을 때 꼭 불러준다고 합니다. **또한 이들은 열렬히 악수를 하거나 자연스럽게 어깨동무하는 스킨십을 적절히 활용해 소통을 원활히 하고, 고객과의 라포르를 형성하는 데 매우 능숙합니다.** 이를 뇌과학적으로 말하면, 옥시토신이 빠르게 분비되는 상황을 만들어 단단한 인간관계를 구축해나가는 것이지요.

뇌에는 신뢰 관계를 만드는 시스템이 장착되어 있다

인간은 무리를 이뤄 다른 개체들과 협력하며 살아왔습니다. 외부의 위협 속에서 살아남기 위해 타인과의 신뢰 관계를 형성하는 방법을 깨우쳤지요. 이 진화 과정에서 만들어진 습성은 여전히 남아 있습니다. 처음 보는 사람에게도 쉽게 마음을 여는 경우를 보면 알 수 있지요.

● **상대와의 신뢰 관계를 형성하는 요령**

- 상대의 이름을 부른다
- 상대가 말하는 속도와 목소리 크기에 맞춰 이야기한다
- 상대의 표정에 맞춰 이야기한다
- 손을 잡는다(악수한다)
- 어깨나 무릎을 자연스럽게 터치하는 등 스킨십을 한다

뇌 내 물질인 옥시토신이 분비되면 상대에 대한 신뢰감과 안정감이 생겨난다. 사람은 진화 과정에서 동료와 깊은 신뢰 관계를 구축하는 시스템을 획득했다.

당신이 상대를 도우면
상대도 당신을 돕고 싶어 한다

핵심 한마디 | **사람은 받으면 갚고 싶어 한다**

인간에게는 서로 대가를 주고받는 '상호성'이 있다.

문화인류학에서 비롯된 개념 가운데 '상호성^mutuality'이라는 용어가 있습니다. 쉽게 말하면 서로 대가를 주고받는 사회관계를 가리킵니다. 가령 당신이 선물을 받았다면 답례를 해야겠다는 생각이 들지요. 그렇게 느끼는 건 사람에게는 누군가에게 선물이나 도움을 받으면 그 답례로 무언가를 주고 싶어 하는 습성이 있기 때문입니다. 그러한 마음을 지니고도 답례를 하지 않으면 왠지 상대에게 빚진 듯한 찝찝한 감정이 남게 되지요.

답례 선물은 흔쾌히 받아라

그런 의미에서 친한 사람이 주는 답례의 선물은 흔쾌히 받는 것이 좋습니다. 당신이 '미안해서 어떻게 받아!' 하는 마음에 선물을 받지 않으면 상대는 당신에게 빚진 듯한 기분이 들어 계속 찝찝한 마음으로 지내게 될 테니까요. 비즈니스에서는 이런 인간의 마음을 이용하기도 합니다. 노상이나 매장에서 나눠주는 샘플 상품을 받거나 시식을 하면 그냥 가기 미안한 마음에 그 상품을 사버리는 경우가 있습니다. 그다지 관심이 없는데도 말이지요. 매장에서 깍듯하고 정중한 대접을 받을 때도 (그것이 상대의 직업인데도) 왠지 그 자리를 떠나기가 미안하고 뒤통수가 따갑게 느껴지기도 합니다.

상대를 돕는다고 다 좋은 건 아니다

누군가를 돕거나 감사를 표하는 건 좋은 일이지만 상황에 따라 상대가 부담을 느낄 수도 있습니다. 특히 조언할 때는 주의해야 합니다. 누군가의 조언을 들으면 자신의 능력이 부족하다는 생각이 들어 의기소침해지거나 신뢰받지 못한다는 기분이 들 수 있거든요. 그러므로 조언해준 사람에게 반드시 좋은 감정을 갖는 건 아니라는 사실을 명심해야 합니다. 성숙한 어른이라면 자신의 언행이 상대의 마음에 부담을 줄 수 있다는 사실을 잊지 말아야 합니다. 가능하면 상대의 마음을 가볍게 해줄 방법을 먼저 찾아보세요!

상호성이란 대가를 주고받는 사회관계를 뜻한다. 물건뿐만 아니라 누군가가 친절을 베풀거나 정중한 대접을 해줄 때도 갖고 싶은 마음이 생겨난다.

007 남의 탓으로 돌리지 않으면 모든 일을 해결할 수 있다

핵심 한마디 | 남의 험담을 해서는 안 된다

모든 일을 자신의 재산으로 바꿔라

요즘 일이 잘 안 풀리거나 인간관계도 자꾸 어긋나 고민에 빠진 적 있나요? **이럴 때 누군가를 탓하며 나쁘게 말해봐야 상황은 나아지지 않습니다.** 험담이나 불평을 쏟아냄으로써 마음이 가벼워질 수는 있습니다. 하지만 문제의 원인이 다른 곳에 있다고 생각하면 자신의 힘으로 상황을 해결할 수 없습니다. 우리에게 일어난 모든 일에는 의미가 있을 수도 있고 없을 수도 있습니다. **그런데 이미 일어난 일이라면 그것을 자신에게 도움이 되는 가치로 바꾸는 게 좋지 않을까요?**

끝없이 불평해도 고민은 해결되지 않는다

일이 잘 안 풀리는 상황을 남의 탓으로 돌리기는 쉽습니다. 누군가를 험담하며 기분이 나아지는 경우도 많지요. 하지만 이러한 대응은 상황을 개선하기 어렵게 합니다. 불평만 쏟아내다 보면 아무런 대책도 세우지 못하니 상황은 더욱 안 좋아지겠지요. 결국 다음 날도 그 다음 날도 같은 고민으로 괴로울 것입니다.

상황을 나아지게 하려는 사람에게는 기회가 찾아온다

일이 잘 안 풀리는 데 온갖 핑계를 대기 전에 **"그럼 어떻게 하는 게 좋을까?" "이 상황에서 내가 할 수 있는 일은 없는 걸까?"라고 스스로에게 물어보세요.** 나쁜 상황이나 불운한 일은 사람을 골라서 일어나지 않습니다. 일이 술술 잘 풀리는 것처럼 보이는 사람이 언제나 편하게 쉬는 것도 아니지요. 오히려 그들은 아무에게도 보여주지 않지만 어떻게든 자신의 힘으로 나쁜 상황을 개선하려고 노력하고 있을 것입니다. 바로 여기에 비밀이 숨어 있습니다. 남의 험담을 하거나 핑계를 대기 전에 자신의 상황을 적극적으로 개선하려는 사람에게 새로운 기회가 찾아오는 법입니다.

불합리한 일을 당하면 확실히 대응하라

어떤 상황에서도 참아야 한다고는 말하고 싶지 않습니다. 저는 상대에게 부당한 일을 당하면 직접 말하곤 합니다. 자신의 입장을 명확히 하지 않으면 제멋대로 구는 타인에게 두고두고 휘둘릴 수 있으니까요. '나는 당신에게 이용당하지 않아요'라는 메시지를 전할 방법을 마련하고, 혹시라도 불합리한 일이 생기면 대처할 수 있도록 준비해두세요.

008 불편한 사람의 입장에서 다시 생각해보라

상대의 입장이 되어봐야 상대를 이해할 수 있다

누군가와 사이가 좋지 않아 고민일 때, 상대의 입장에 서서 한 번 생각해보세요. 불편한 사람의 입장에 서보다니 상상도 하기 싫 겠지만, '상대'가 가진 새로운 시각에서 상황을 해결할 수 있는 중 요한 실마리와 깨달음을 얻을지도 모릅니다.

우선은 상대의 업무상 위치, 지금 열중하고 있는 취미나 관심사, 가능하다면 개인적인 고민에 관한 정보를 모아보세요. 모은 정보를 이용해 상대를 헐뜯거나 깎아내리려 하지 말고, 상대의 입장으로 그 정보에 관해 생각해봐야 합니다. 그러면 상대도 욕망과 갈등이 있는 한 인간임을 알 수 있고, 자신의 틀로만 인식하느라 미처 발견 하지 못한 그 사람의 '진짜' 모습을 이해할 수 있습니다. 게다가 그 때까지는 생각하지 못했던 해결의 단서를 찾아내는 첫걸음이 될 수도 있지요.

자신과 다른 페르소나를 설정하라

다른 사람이 되었다고 상상하면서 정보를 살펴보는 일은 의식적으로 자신과 다른 '페르소나(인격)'를 설정하는 기술입니다. 특정 역할을 연기함으로써 더욱 유기적으로 정보를 활용할 수 있고, 이는 상대를 더 깊이 이해할 수 있게 돕습니다. 성별을 바꿔 생각하거나 자신보다 나이가 많은 사람의 입장도 되어보고, 혹은 우리나라를 찾아온 외국인의 시점으로 모든 것을 다시 바라볼 수도 있겠지요.

평소 자신이 보고 있는 세계와는 다른 세계를 접한다

페르소나를 설정하면 평소 자신이 보고 느끼는 것과는 전혀 다른 모습을 볼 수 있습니다. 필요한 정보, 부족한 요소 등 모든 요건이 자신의 세계와는 다르다는 사실을 알게 되지요. 이렇게 다른 세계를 접하면 세상을 더욱 입체적으로 이해할 수 있고, 문제 해결을 위한 중요한 단서도 찾을 수 있습니다.

저 사람한테는 이 세계가 어떻게 보일까?

상대의 입장에 서서 마치 그 사람이 된 기분으로 주변의 정보를 들여다보면 상대가 무엇을 느끼고 무슨 생각을 하고 있는지를 알 수 있다.

인간관계의 뇌 활용법

☑ '저 사람 싫어!'라는 감정은 당신에게
위험을 알려주는 경보다.

☑ 자신이 사용하는 말을 갈고닦으면
인간관계에서 오는 고민을 해소할 수 있다.

☑ '나'를 주어로 해 마음을 전하면 상대에게
사회적 대가로 전달되어 상대의 마음을 움직일 수 있다.

☑ 상대의 눈을 보며 이야기하고 이름을 불러주면
신뢰를 쌓기 더욱 좋다.

☑ 불편한 사람이 있다면
그 사람의 입장이 되어 생각해보라.
그러면 상대를 이해할 수 있고,
더 효과적인 해결법도 찾아낼 수 있다.

제2장   처세술

상대에게 확실한 선을 그어라

핵심 한마디 | 인간관계가 만들어지는 처음이 중요하다

침범당하고 싶지 않은 영역을 확실히 밝힌다

이번에는 특정한 사람과 원활하게 지낼 수 있는 방법으로 범위를 좁혀 살펴보겠습니다. 최근 많은 곳에서 권력을 이용한 갑질이나 성희롱으로 고민하는 사람이 늘고 있습니다. 그런 사람들이 스스로를 지키려면 자신이 느끼는 불쾌한 감정을 상대에게 확실하게 전달하고 의문스러운 상황을 분명하게 짚어야 합니다. **상대가 상사든 스승이든, 불합리한 일을 당한 순간에 '당신은 더 이상 내 영역으로 들어와서는 안 됩니다'라는 의사를 명확히 전달해야 합니다.**

상대의 눈을 지그시 바라보는 것도 효과적이다

확실한 태도로 반론하는 것이 서툴거나 어려운 사람도 있습니다. 상대가 위압감을 주거나 달변가인 경우에는 불쾌감을 전하기도 전에 교묘하게 말을 돌려 빠져나갈지도 모르지요. 그럴 때는 비언어적인 수단을 사용하는 것도 좋습니다. 의아한 표정으로 바라보기만 해도 무언의 메시지를 전할 수 있으니까요.

상대는 무의식적으로 이 사람이 자신의 의사대로 움직이는 사람

인지 아닌지를 재고 있습니다. 내키지 않으면서도 쉽게 따르기보다는 가만히 응시하는 편이 훨씬 좋습니다. 그러면 상대는 '자칫 잘못하면 나중에 귀찮은 일이 생길 것 같은데'라고 생각할 것입니다.

다만 익숙하지 않으면 상대에게 못마땅한 인상을 주는 태도를 취하기가 두렵겠지요. 하지만 차츰 훈련을 해나가는 수밖에 없습니다. 싫은 사람이 자신의 영역을 깊이 파고들 때는 반사적으로 상냥하게 짓던 웃음을 멈추세요. **그리고 나름의 방식으로 "왜 이러세요?" "지금 뭐 하는 거예요?"라고 말하며 자신의 감정 상태를 전하는 겁니다.** 그렇게만 해도 한 걸음을 성큼 내디딘 것이지요.

관계를 뒤집을 수 없다면 바로 그 자리를 떠나라

가장 높은 장벽은 상대에게 주눅 들지 않는 여유 있는 태도입니다. 만약 그렇게 할 수 있다면 상황에 맞는 다양한 어휘를 쓰며 상대가 부끄러워하고 불안해하는 점을 지적하면 됩니다. "소중한 업무 시간을 할애하면서까지 내게 그런 말을 할 때의 이점이 뭐죠?" "이 문제에 관한 전문가도 아닌 당신이 왜 나한테 조언할 수 있다고 생각한 거죠?"와 같이 말이지요.

권력을 쥔 사람의 갑질이 골치 아픈 까닭은 자신의 지위를 이용해 조직과 주변 사람들을 끌어들여 공격해 오기 때문입니다. 이런 권력형 갑질에 대항하려면 자신도 주위의 도움을 빌릴 수밖에 없는데, 이때 기회주의자들도 있어 상당히 어려울 수 있습니다. **자신을 지키려면 그 관계에서 벗어나는 것도 좋은 선택지가 될 수 있다는 사실을 꼭 기억해두세요.** 실제로 자신의 몸과 마음을 망가뜨리면서까지 유지해야 하는 관계란 좀처럼 없으니까요.

비열한 행위에는 굴하지 않는 태도를 보여라

핵심 한마디 | **언어의 힘은 누구나 기를 수 있다**

'당신이 이상한 거야!' 같은 당당한 태도를 보여라

지위나 입장에서 우위에 있는 사람의 비열한 행위에 대처하려면 맞대응할 언어 능력을 갖추는 것이 중요합니다. 언어 능력은 연습하면 누구든 능숙해질 수 있고, 꼭 매번 척척 되받아치지 못해도 괜찮습니다.

비열한 말을 듣거나 부당한 대우를 받았을 때 "말 다 하셨어요?" "속이 시원하신가요? 이제 제 가도 되겠죠?"라는 식으로 대응해 **'당신이 이상하고 부끄러워해야 할 상황이다'라는 사실을 주변에 보여야 합니다. 이런 표현이 익숙지 않다면 앞에서 언급했듯, 아무 말 없이 "왜 이러세요?"라고 반문해도 좋겠지요.**

상대에 대한 자기효능감을 높이는 '체계적 둔감법'

두려워서 절대로 맞대응하지 못하는 사람도 있습니다. 뇌가 먼저 공포를 느껴 몸이 위축되기도 하지요. 그럴 때 임상심리학에서는 '체계적 둔감법'을 사용합니다. 공포나 불안을 일으키는 자극에 순위를 매겨, 약한 자극부터 경험하면서 공포와 불안을 점차 극복하는 기법입니다. 예를 들어, 비열한 언행을 일삼는 상사에게 먼저 인사를 하거나 옷차림새를 칭찬하는 겁니다. 이런 행위가 효과적인 이유는 '상대가 고마워할 일을 내가 먼저 해줬다'라는 경험이 자기도 모르게 마음에 남기 때문입니다.

이렇게 조금씩 자극을 높이면서 상대에 대한 힘을 느끼는 경험이 쌓이면, 마침내 겁먹지 않을 수 있습니다. 이런 행동은 상대에게 말대꾸하거나 상처를 주는 일도 아닙니다. 오히려 여유와 자신감을 가지고 상대를 대하도록 자신을 독려할 수 있지요.

● **체계적 둔감법 - 불편한 사람이 있는 경우**

① 상대에게 불안과 공포를 느끼는 상황들 중에서, 가장 강한 것부터 가장 약한 것까지 순위를 매긴다.

② 불안이나 공포가 가장 약한 것부터 반복적으로 떠올리며 이미지 트레이닝을 한다.

③ 가장 약한 것이 해결되면 두 번째로 약한 자극에 도전한다. 이 과정을 반복하며 상대에 대한 불안을 점차 해소해나간다.

④ 충분히 연습한 후에, 매우 약한 자극부터 실제 상대에게 적용해보며 경험한다(가령, 인사를 한다거나 상대의 옷차림새를 칭찬한다).

불안이나 공포를 느끼는 상대에게 직접 말을 걸면서, 자신이 상대에게 힘을 미치는 존재라는 사실을 경험할 수 있다.

상대가 무례한 말과 행동을 하면 말로 약점을 찔러 대응하라

011

핵심 한마디 | **만만하게 보여서는 안 된다**

상대가 불편해하는 부분을 건드린다

굳이 공격적으로 대할 필요는 없지만 상대가 무례한 말과 행동을 할 때는 분명히 맞받아쳐야 합니다. 그때를 대비해 상대의 약점이나 불안해할 만한 부분을 알아두세요. **만약 성희롱을 당했다면 "그만 하세요"라고 말하거나 "왜 그런 말을 하시죠?"라고 물어보는 것보다 상대가 한 말을 느긋하게 따라 하는 것이 효과적입니다.** 가령 누군가 "여자가 승진을 하다니, 남편이 불쌍하군!"이라고 말한다면 "왜 여자가 승진하면 남자가 불쌍하다고 생각하시는 거죠?"라고 되물어보세요. 그러면 상대는 아무 말도 하지 못하거나 오히려 발끈하고 화를 낼 것입니다. 하지만 당신을 만만하게 보지는 못하겠지요.

불합리하다는 것을 상대가 알게 하라

성희롱이 심해지면 변호사나 경찰에게 도움을 요청할 필요도 있지만, 무엇보다도 상대에게 얕보이지 않는 것이 가장 중요합니다. 안타깝게도 당신의 주변에는 공정하고 자상한 사람만 있지 않습니다. 특히 사회나 조직에서 원만하게 살아가기 위해서는 되도록 문제를 일으키지 않고 집단의 규칙을 따르는 것이 유리할 수도 있지요. **하지만 살다 보면 그 규칙이 부당하다는 것을 이해시켜야 할 때도 있습니다. 부당한 일을 당했을 때처럼 말이지요.**

반격하기 위한 언어와 태도를 비축하라

그러니 상대에게 공격당하지 않도록, 평소에 반격하기 위한 말과 태도를 연습하세요. 아무 말도 못 하고 참거나 갑자기 회사를 그만두기 전에 시도할 방안은 분명 있을 테니까요.

부당한 일을 당했을 때는 만만하게 보이지 않는 것이 중요하다. "그만 하세요" 라고 말하지 말고 상대의 말을 따라 하거나 상대의 아픈 곳이나 불안해할 만한 부분을 말로 꼬집으면 좋다.

012
가족이라는 이유만으로 사이좋게 지낼 필요는 없다

핵심 한마디 | **자신의 마음 거리감을 찾아라**

뇌는 사람과 사람을 가까이 있게 하려고 한다

많은 사람이 가족은 화목해야 한다고 생각합니다. 또 그러하길 바랄 테지요. 하지만 사실 가족이란 가까운 만큼 더 복잡하게 뒤얽혀 있는 관계이기도 합니다. 관계가 가까울수록 불평등을 더 의식하게 되고 의견이 대립하는 상황이 늘어나기 때문이지요.

본래 인간의 뇌는 가능한 한 인간끼리 서로 가까이 있도록 만들어졌습니다. 무리를 지어 서로 돕기 수월하게 하려는 것이지요. 게다가 같은 집단 내에 사고방식과 가치판단 기준을 다양하게 하여 변화에 능숙하게 적응할 수 있도록 합니다. 다만 그 균형을 잡기가 매우 힘들기 때문에 가까운 상대에게 가장 불쾌한 감정을 품기 쉽다는 말도 일리가 있습니다.

같은 공간에서 오랫동안 함께 있으면 동지 의식이 높아진다

실제로 2021년에 일본에서 적발된 살인 검거 건수 808건(미수 사건을 포함) 가운데 46%가 친족 간에 일어났다는 경찰청의 조사 결과가 있습니다. 그다음으로 많은 것이 지인, 친구로 이 또한 가까운 관계라고 할 수 있습니다. 하지만 친족이 이보다 약 세 배가 넘는다는 사실에 주목해야 합니다.

가까운 상대에게 불쾌한 감정을 갖기 쉽다는 사실이 반드시 살인 사건과 관련 있는 건 아닙니다. 하지만 같은 공간에서 오랫동안 함께 있으면 앞에서 소개한 옥시토신의 농도가 높아져 '동지 의식'이 강한 상태가 될 수 있습니다.

관계성이 가까운 상대에게 보답을 바란다

물론 동지 의식이 강하다는 것이 꼭 나쁜 일은 아니지만, 상대에 대한 기대치가 지나치게 높아진다는 점도 생각해봐야 합니다. 자신이 상대에게 베푼 애정에 걸맞은 보답을 바라게 되기 때문이지요. 만약 자신이 기대했던 보상을 받지 못하면 그 반작용으로 상대를 탓하거나 공격하는 행동이 일어납니다.

● **기수·미수, 피의자와 피해자의 관계별 살인 검거 건수** (2021년, 일본 경찰청)
※ 해결된 사건은 제외했다.
※ 범죄 통계상 '피해자 없음'에는 살인 예비죄 중에 피해자가 특정되지 않은 건이 계상되어 있다.

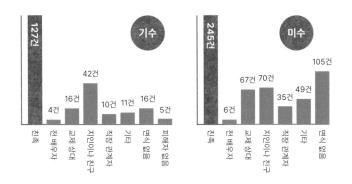

범죄(살인·살인 미수)의 상당수가 친족 간에 일어나고 있다.

칭찬 전략이
꼭 성공하는 것은 아니다

핵심 한마디 | **'칭찬해주면 다 된다'라는 발상은 위험하다**

인간은 칭찬을 받으면 기분이 좋아지는 생물이다

인간처럼 친구를 만들며 살아가는 동물에게 일찍이 무리에서 배제된다는 것은 생존상 불리하다는 뜻이며, 때로는 죽음을 의미합니다. 지금도 뇌에는 이러한 특성이 남아 있습니다. 가령 **타인에게 좋은 평가를 받거나 칭찬을 들을 때 기분이 좋아지는 이유는 생존확률을 높이는 방향으로 행동을 부추기기 위해 뇌가 작용하기 때문입니다.** 일반적으로는 이를 '승인 욕구'라고 부르지요.

결과를 칭찬하면 아이는 도전을 회피하게 된다

육아나 교육에 관한 정보 가운데 '결과를 칭찬해주면 아이의 능력을 키울 수 있다'라는 주장이 자주 등장합니다. 이는 분명 아이의 승인 욕구를 만족시키는 방법입니다. 하지만 미국 컬럼비아대학교에서 클로디아 뮬러Claudia M. Mueller와 캐럴 드웩Carol S. Dweck이 실시한 실험에 따르면, **결과를 칭찬받은 아이는 오히려 어려운 도전을 피한다는 사실이 명확하게 드러났습니다.**

실험에서는 먼저 인종과 사회적·경제적 지위가 저마다 다른 아이들을 대상으로 지능 테스트를 실시한 후 세 그룹으로 나누었습니다. 그러고는 '결과를 칭찬한다' '노력한 것을 칭찬한다' '아무 말도 하지 않는다'와 같이 각각 다른 반응을 보였습니다. 그 후, 아이들에게 난이도가 다른 두 번째 테스트를 선택하게 했더니 결과를 칭찬받은 아이들의 약 65%가 어려운 과제를 피했습니다. 아무 말도 듣지 못한 아이들 중에서는 45%, 노력을 칭찬받은 아이들 중에서는 단 10%만이 어려운 과제를 피했습니다.

아이는 칭찬받은 사실을 지키려고 거짓말을 한다

게다가 난이도가 높은 테스트를 받게 한 후에 모든 사람 앞에서 성적을 발표시키자, **무려 결과를 칭찬한 아이들의 약 40%가 실제보다 높은 점수로 거짓말을 했습니다.** 이는 놀랄 만한 실험 결과입니다. 결과를 칭찬받은 아이는 자신감이 생길지도 모릅니다. 하지만 이는 어려운 과제나 도전을 피하게 하고, 경우에 따라서는 아무렇지 않게 거짓말을 하는 아이로 만들 수도 있습니다.

① 결과를 칭찬한 경우
약 65%

② 노력을 칭찬한 경우
약 10%

③ 아무 말도 하지 않은 경우
약 45%

실험 결과에 따르면 첫 번째 테스트에서 결과를 칭찬받은 아이들 중 무려 65%가 두 번째 테스트에서 어려운 과제를 회피한 반면, 노력을 칭찬받은 아이들은 10%만 어려운 과제를 회피했다.

결과가 아니라
과정을 칭찬하라

핵심 한마디 | **칭찬하는 방법을 바꿔보라**

사람은 자신이 받은 평가가 바뀌지 않도록 노력한다

앞서 소개한 실험 결과를 보면, 누군가를 칭찬할 때는 그 방법에 주의해야 한다는 사실을 알 수 있습니다. **아이들의 행동에서 사람은 어떤 평가를 받으면 그 평가가 바뀌지 않도록 노력한다는 특성이 드러났지요.** 이는 심리학에서 말하는 '라벨링 효과labeling effect'(자신에게 붙여진 꼬리표, 즉 라벨에 맞춰 대응하거나 행동하게 되는 현상. 낙인 효과라고도 한다—옮긴이)에 해당한다고 볼 수 있습니다. "넌 똑똑한 아이구나!"라는 말을 들으면 항상 똑똑하려고 애쓰고, "정말 노력을 많이 하네!"라는 말을 들으면 적어도 그 상대 앞에서는 항상 노력하는 모습을 보이려고 하는 것입니다.

극복한 일이나 깊이 고민한 일을 칭찬하면 사람은 성장한다

그렇다면 우리는 상대를 어떻게 칭찬하면 좋을까요? **이 실험에서 노력을 칭찬받은 아이들의 반응으로 알 수 있듯이, 할 수 없었던 일을 할 수 있게 되었다는 데 먼저 주의를 기울여야 합니다.** 이미 나와 있는 결과만 칭찬하는 것은 좋은 방법이 아니기 때문에 점수가 높더라도 그 결과를 칭찬해서는 안 됩니다.

전에는 어려워하던 한자 공부를 잘하게 되었다면 "그렇게 어려워하던 한자를 열심히 공부하더니 지금은 아주 잘하는구나"라고 말하며 본인이 고심해가며 방법을 찾고 노력해 잘하게 되었다는 점을 칭찬해줘야 합니다. 이런 식의 칭찬을 받으며 자라면 실패에 대한 두려움보다 도전 자체를 칭찬받았다는 기쁨이 아이의 뇌에 깊이 새겨집니다. **그러면 더 어려운 과제에 도전할 의욕이 솟아나고, 나중에 실패를 겪더라도 자신의 성장을 위한 배움으로 바꿔나갈 수 있습니다.**

낙인 효과를 활용해 상대를 올바른 방향으로 유도하자

상대에게 라벨을 붙임으로써 자신이 원하는 방향으로 상대가 행동하도록 유도할 수도 있습니다. 만약 상대가 나름의 노력을 기울였다면 "너는 열심히 노력하는 재능이 있구나!"라고 칭찬해주면 좋겠지요. **단, 거짓말을 해서는 안 됩니다.** 본인 스스로 잘되지 않는다고 느끼고 있었는데, 억지 칭찬으로 라벨을 붙이려고 하면 오히려 불신감만 더 커질 수 있습니다.

어려워하던 일에 도전하며
열심히 노력했구나!

네. 쉬운 일은 아니었지만,
열심히 했어요.

설령 결과가 좋지 않더라도 노력한 점이나 고민하며 방법을 찾은 점, 또는 극복한 부분을 찾아내 칭찬하면 사람은 더욱 발전한다.

015

잘 살기 위해서는
화를 낼 줄 알아야 한다

'이 정도쯤이야…'라는 생각이 훨씬 더 위험하다

요즘 어른이나 아이나 집단 내 괴롭힘 문제가 크게 두드러지고 있습니다. 이 괴롭힘 문제가 골치 아픈 까닭은 가볍게 장난을 치거나 놀리는 데서 시작되는 경우가 많기 때문입니다. 당사자도 '이 정도로 불평할 수는 없지' 하며 웬만한 것은 참고 넘어갑니다. 이렇게 참는 모습을 본 주변 사람들은 '이 사람은 이 정도 괴롭혀도 아무렇지 않네'라고 여기게 됩니다. **그러면 어느 사이엔가 점점 괴롭힘의 강도가 심해지고, 결국 견딜 수 없는 상태가 됩니다. 그땐 이미 본인은 물론이고 주변 사람들도 괴롭히는 행위를 멈추기가 어렵게 되지요.**

어떤 말이라도 좋으니 감정을 표현하며 맞대응하라

지금까지 강조했듯이 사회에서 살아남기 위해서는 능숙하게 화내는 방법을 익혀야만 합니다. **상대의 부당한 대우에 처음 불쾌한 기분이 들었을 때 얼렁뚱땅 웃어넘기지 말고 확실하게 불쾌한 표정을 드러내며 차분히 자신의 감정을 전하기만 해도 결과는 크게**

달라집니다. 가능하다면 "너는 별거 아니라고 생각하고 말했는지 모르지만, 그런 말을 들으면 나는 기분이 나빠"라고 말해보세요. 가능하다면 재치 있게 말하는 것이 좋지만, 이는 어려울 수도 있습니다. **어쨌든 자신의 마음을 침착하게 전달하기만 해도 상대의 괴롭힘은 줄어들 것입니다.** 결국 핵심은 자신의 불쾌한 감정을 직접 표현할 수 있느냐 없느냐니까요.

화내지 않는 사람이 좋은 사람을 의미하는 건 아니다

물론 생각처럼 잘되지 않을 수도 있습니다. 상황에 따라서는 괴롭힘이나 따돌림이 심해지는 경우가 생길 수도 있지요. 그럴 때는 '도망'이라는 선택지도 꼭 고려해두세요. **자기 자신을 위해서라면 계속 참기만 해서는 안 됩니다.** 무조건 참다가는 나답게 살아갈 수 있는 환경이 점점 사라집니다. 다른 사람에게서 무언가를 빼앗아 자신의 잇속을 차리는 사람은 그 대상을 찾느라 늘 혈안이 되어 있습니다. 그들은 무의식적으로 냄새를 맡아 상대를 골라내고 착취의 대상으로 삼지요.

타인에게 자상하고 배려를 잘하는 사람일수록 희생물이 되기 쉽습니다. 평소에 좋은 사람과 화를 내지 않는 사람이 같지 않다는 사실을 인식하고 대비해야 합니다. 그래야만 무슨 일이 생겼을 때 스스로를 지킬 수 있습니다.

016 소속된 집단에서 튀지 않는다면 오히려 주의하라

사람은 소속된 집단이 공유하는 가치관에 맞춰진다

마지막으로, 딱히 불편한 상대가 있는 것도 아닌데 왠지 인간관계가 원활하지 않다면 그것은 소속된 집단의 사고방식이나 가치관이 자신과 맞지 않아서일 수도 있습니다. 갈등은 없지만 뭔가 자신만 '튀는' 상태이지요.

집단에 특정 가치관이 생기는 까닭은, 우리가 무의식 중에 자신이 소속된 집단의 사회적 이미지를 의식하고 있기 때문입니다. **우리는 어느새 집단의 사회적 이미지에 자신을 맞추게 됩니다. 심지어는 부정적인 확신이나 고정관념에 자신을 맞추려고 지나치게 신경을 쓰기도 하지요.** 심리학에서는 이러한 현상을 '고정관념의 위협 stereotype threat'이라고 합니다.

어떤 사회에 속해 있는 것만으로도 고민과 문제가 생긴다

1995년 미국에서 실시된 실험에서 흑인이 백인보다 공격적이라는 사회적 이미지가 만연한 상황에 놓이면 흑인조차도 자신을 공격적인 사람으로 여기게 된다는 사실이 밝혀졌습니다. **이는 특**

정한 사회적 이미지를 가진 집단이나 사회에 속하기만 해도 고민과 인간관계 문제가 생길 수 있다는 뜻입니다. 자신에게는 아무런 잘못이나 문제가 없는데도 말이지요.

"여자가 참 대단해!"라는 말을 들었다면 주의하자

여전히 "여자인데도 대단하군!" "여자가 참 뛰어나네"라고 말하는 사람이 많습니다. 이러한 말의 배경에는 '여성은 열심히 공부하지 않아도 괜찮아' '여성은 너무 뛰어나면 오히려 살기 힘들어'와 같은 사회적 편견이 잠재되어 있다고 볼 수 있지요. 실제로 여성들도 그런 사회적 이미지를 받아들여 스스로에게 제동을 걸고 있다는 사실이 연구를 통해 밝혀졌습니다. '너무 우수하면 오히려 손해 볼지도 몰라'라는 생각에 자신의 능력을 숨기는 것입니다. **그런 의미에서 소속된 집단과 사회에서 남들과 달리 자신이 튄다고 느껴진다면 오히려 그들의 가치관과 자신의 가치관의 차이를 객관화하고 있다는 증거일지도 모릅니다.**

사람은 소속된 집단이나 사회의 가치관에 무의식적으로 자신을 맞추곤 한다. 소속된 집단이나 사회에 위화감을 느끼지 못한다면 오히려 주의해야 한다.

처세술의 뇌 활용법

☑ '여기서 더 이상은 들어오지 마!' 하고 침범당하고 싶지 않은
영역을 말이나 행동으로 표현한다.

☑ 반격할 때는 상대의 떳떳하지 못한 약점을 말로 꼬집는다.

☑ 가족이라는 이유만으로 사이좋게 지낼 필요는 없다.

☑ 결과만 칭찬받은 아이는 도전을 회피하게 된다.

☑ 화내지 않는다고 해서 좋은 사람인 건 아니다.
용납할 수 없을 때는 어떤 말도 좋으니 제대로 대응한다.

제3장 사랑

현명할수록
연애 기회를 놓치기 쉽다

017

계획성, 논리성, 합리성을 담당하는 '배외측전전두피질'

상대를 신뢰하지 못해 연애를 오래 지속하지 못하거나, 닥치지도 않은 앞날을 잔뜩 걱정하며 연애에 강력한 제동을 거는 사람이 있습니다. **뇌과학적 측면에서 볼 때, 이러한 태도를 보이는 이유는 뇌의 전전두피질**prefrontal cortex**(전두엽의 앞부분을 덮고 있는 대뇌피질— 옮긴이)에 있는 배외측전전두피질(DLPFC**dorsolateral prefrontal cortex**)이 억제 작용을 하고 있기 때문입니다.**

배외측전전두피질은 계획성, 논리성, 합리성 등을 관리하는데, 상대에게 마음이 끌리는 상황에서도 '이 사람의 직업은 장래가 불안정할지도 몰라' '어쩌면 가정을 소중히 여기지 않는 사람인지도 모르겠어' 같은 생각을 하게 합니다. 이러한 생각이 연애를 그만둬야겠다는 판단으로 이어지는 것이지요.

지능이 높을수록 연애에 더 강한 제동을 건다

배외측전전두피질은 대개 지능이 높은 사람일수록 쉽게 작용하게 되어 있습니다. 최근에는 사회적·경제적 사정으로 결혼을 하지 않거나 아이를 낳지 않는 사람이 늘고 있고, 당연히 그 선택은 존중받아야 합니다. 다만 생물의 생식 본능이라는 관점에서는 마음에 드는 상대가 있으면 사랑에 빠지는 것이 자연스럽다고 말하기도 합니다. 다시 말해, 배외측전전두피질이 생식 본능을 과도하게 억제한 탓에 사랑이나 연애를 못했을지도 모릅니다.

연애를 전략적으로 생각하면 오히려 기회를 놓친다

신중하게 상황을 판단하고 사고하는 능력은 미래에 닥쳐올 위험이나 치명적인 실수를 피하는 데 큰 도움이 됩니다. 그러나 연애를 할 때 이 기능이 지나치게 발휘되면 상대의 조건을 과하게 재고 따지게 될 수 있습니다. 물론 연애나 결혼을 하는 데 상대를 살펴보고 판단하는 일은 중요합니다. 하지만 전략적으로 계산해 현명한 판단을 내렸다고 생각해도 실제로는 기회를 놓치는 경우가 많습니다. 상대에게 애정을 느끼면서도 그 감정을 계속 부정하면 결과적으로는 모처럼 생긴 연애 기회마저 놓치고 말 것입니다.

● 배외측전전두피질은 지능이 높은 사람일수록 작동하기 쉽다

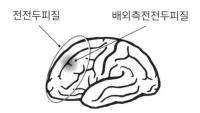

전전두피질   배외측전전두피질

뇌의 전전두피질에 있는 배외측전전두피질은 계획성, 논리성, 합리성 등을 관리하며, 연애에 제동을 걸기도 한다.

018 바람둥이는 뇌의 유형이 결정한다

언제나 새로운 자극을 원하는 사람들이 있다

'도파민'이라는 신경전달물질이 있습니다. **도파민은 쾌락을 느끼게 하거나 의욕을 높여주는 뇌 내 물질로, 새로운 무언가를 자각할 때 얻을 수 있습니다.** 실제로 많은 도파민을 필요로 하는 사람은 늘 새로운 자극을 원합니다. 이런 유형은 독창성이 크게 요구되는 창조적 직업에 종사하는 사람들에게서 많이 발견됩니다.

도파민 요구량이 높은 사람은 바람을 피우기 쉽다

도파민 요구량이 높은 사람은 연애를 통한 자극을 많이 추구합니다. 연애가 새로운 자극 중 하나이기 때문이지요. 어떤 조사에서 연애 자극의 특징으로서 '바람을 피운 적이 있는가 없는가?' '바람 피운 상대는 몇 명인가?' '하룻밤 사랑을 몇 번 경험했는가?'라는 세 가지 질문으로 통계를 냈습니다. 그 결과, 도파민 요구량이 높은 사람은 그렇지 않은 사람보다 거의 두 배 높은 수치를 보였습니다. 도파민 요구량이 높을수록 더 강한 연애 자극을 추구한다는 사실이 밝혀진 것이지요. 이는 많은 도파민을 필요로 하는 사람일수록 바람둥이일 확률이 높다는 사실을 뒷받침합니다.

남성 호르몬이 많은 사람은 위험을 좋아한다

또 한 가지, 남성 호르몬인 테스토스테론^{testosterone}이 많은 사람일수록 위험한 행동을 하고 새로운 자극을 추구합니다. 한 연구에서 런던의 금융가에 있는 피험자들의 타액 속 테스토스테론을 측정해 본 결과, 농도가 높을수록 그날 거래 성과가 좋았다고 합니다. 이렇게 높은 위험과 큰 대가를 좋아하는 사람은 연애에도 더욱 적극적일 확률이 높습니다.

제가 여기서 하고 싶은 말은 바람둥이가 딱히 '윤리적이지 않은' 사람은 아니라는 사실입니다. 바람둥이는 그저 뇌의 유형에 따라 결정되는 성향 중 하나일 뿐이지요.

● **강한 연애 자극을 추구하는 까닭은 도파민 요구량이 높기 때문이다**

도파민
요구량이
높다

↓

• 바람을 잘 피운다
• 바람 피운 상대가 많다
• 하룻밤 사랑 경험 횟수가 많다

항상 새로운 자극을 추구하거나 위험한 행동을 서슴지 않고 하는 사람은 뇌의 유형에 따라 이미 성향이 정해져 있다.

019 도파민은 연애 성향에 영향을 준다

핵심 한마디 | 쉽게 뜨거워지지도, 쉽게 식지도 않는 사람이 있다

도파민 수용체의 크기가 연애에 영향을 미친다

사람은 사랑이나 연애를 시작해 일종의 자극을 받으면 뇌에 도파민이 분비되어 쾌감과 행복감을 느끼게 됩니다. 이때 뇌 내에서는 분비된 도파민을 받아들이기 위해 'DRD4'라는 수용체가 작동합니다(도파민 수용체Dopamine Receptor에는 D1, D2, D3, D4, D5의 다섯 가지가 있는데, 이 중에서 D4 수용체를 가리킨다―옮긴이). **이 DRD4에는 여러 가지 형태가 있는데, 쉽게 설명하자면 DRD4의 길이가 길수록 쾌락을 얻기 위한 도파민이 더 많이 필요합니다.** 그리고 이 특성이 연애 성향으로 드러나면 이른바 쉽게 뜨거워지고 쉽게 식는 유형이 됩니다.

일본인은 작은 자극으로 만족한다

일본인 가운데서도 쉽게 뜨거워지고 쉽게 식는 사람을 종종 볼 수 있지만, DRD4의 길이로 보면 사실 일본인 중에는 이런 유형이 1% 정도밖에 없다고 합니다. 게다가 나머지 99% 가운데서도 약 60%는 DRD4의 길이가 짧고, 약 40%는 평균 정도의 길이입니다.

일본인의 대다수는 약간의 자극으로도 쉽게 만족하며 '쉽게 뜨거워지 거나 쉽게 식지 않는' 유형이라고 할 수 있지요.

대다수의 일본인은 연애에 소극적이다

DRD4의 길이를 통해 일본인 대다수가 연애에 적극적이지 않 다는 사실을 알 수 있습니다. 물론 배외측전전두피질이 연애(생식) 본능에 훼방을 놓는 경우도 있습니다. 지금 이대로도 행복하니까 딱 히 연인이 없어도 좋고, 굳이 무리해 결혼하지 않아도 된다고 생각 하는 셈이지요. 일본에는 이런 사고를 하는 사람이 특히 많습니다.

● **도파민 수용체의 크기와 연애 성향의 차이**

※ JR Garcia et al.(2010) 「Associations between Dopamine D4 Receptor Gene Variation with Both Infidelity and Sexual Promiscuity.」 PLoS One을 토대로 작성함.

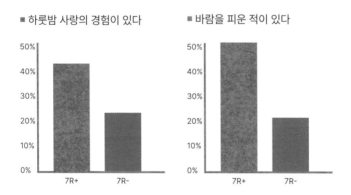

도파민을 받아들이기 위한 수용체 DRD4의 형태가 긴 쪽(7R+)이 '쉽게 뜨거워 지고 쉽게 식는' 연애 성향을 드러낸다.

020

도파민이 과도하게 분비되면 '연애 의존증'에 빠진다

유전적으로 사람을 쉽게 좋아하는 사람이 있다

유난히 쉽게 사랑에 빠지는 사람이 있는데, 이는 '자극 추구^{novelty} seeking'라는 성향과 관련이 있습니다. **'자극 추구'란 새로운 일에 뛰어드는 특성**을 뜻합니다. 이 성향은 유전적으로 정해져 있으며 개인마다 차이가 있습니다. 새로운 자극을 얻으려고 하는 데는 당연히 쾌감 물질인 도파민도 관련이 있겠지요.

사랑에 빠진 내가 좋아!

사랑에 빠지면 즐겁고 기쁘지만 괴로울 때도 있습니다. 상대의 모습을 우연히 발견하거나 SNS 답장이 오기만 해도 행복해지는 까닭은 상대의 말과 행동 하나하나가 자극이 되어 도파민 농도가 높아지기 때문입니다. 반대로 사랑이 괴로운 것은 상대의 반응 등의 자극이 없어 도파민이 분비되지 않기 때문이라고 할 수 있지요.

도파민이 과도하게 분비되는 상태가 지속되면 자신도 모르는 사이에 연애 의존증에 빠질 수 있습니다. **사랑이 가져다주는 설렘과 즐거움을 느끼면서 연애 자체에 의존하기 때문이지요. 이렇게 되면**

상대를 장단점이 공존하는 한 인간으로 바라보기가 어려워집니다. 이는 막 결혼을 하거나 공동생활을 시작한 사람들의 관계를 삐걱거리게 하는 원인이 되기도 하지요.

도파민이 계속 나오면 신경 독성이 활발해진다

연애나 결혼 생활이 순조롭지 못하면 또다시 괴로움에 빠져 새로운 사람, 즉 새로운 자극을 찾게 됩니다. 그러면서 점점 더 도파민에 의존하게 되는데, 이 상태가 오래 지속되면 건강을 해칠 수도 있습니다. 계속 분비되는 도파민에는 신경 독성이 있기 때문이지요. 이 독성은 도파민을 작동시키는 뉴런neuron의 기능을 악화시켜 한층 더 높은 자극을 원하게 만듭니다. 이 도파민 의존 상태가 바로 연애 의존증의 정체라고 할 수 있지요.

앗, 또 답장 왔어!

역시 나한테 호감이 있나 봐!

신경전달물질인 '도파민'의 농도가 올라가면 연애할 때 상대의 일거수일투족이 궁금해지는 상태가 되기도 한다.

당신의 연애 성향은 대부분 옥시토신에 따라 결정된다

021

애착 유형은 생후 18개월까지 결정된다

연애 성향은 사람마다 다양하게 나타나는데, 이는 옥시토신을 받아들이는 방법으로 설명할 수 있습니다.

영국의 심리학자이자 정신과 의사인 존 보울비John Bowlby가 주장한 '보울비의 애착 이론'에 따르면, **옥시토신 수용체의 밀도가 낮은지, 보통인지, 높은지에 따라 사람의 애착 유형이 달라집니다.** 그리고 옥시토신 수용체의 밀도는 생후 6개월부터 18개월까지 특정 양육자와의 관계 속에서 형성됩니다.

성인이 되어 연애 성향이 바뀌기도 한다

수용체의 밀도가 낮은 사람은 울며 떼쓰는 경우가 적고, 양육자에게 응석을 잘 부리지 않습니다. 연애할 때 상대와의 깊은 관계를 꺼려 하는 경향이 있지요. 이러한 유형을 '회피형'이라고 합니다. 회피형의 사람은 연애 관계로부터 멀리 떨어지려고 합니다. 겉으로는 아무렇지 않아 보이지만 관계로부터 상처를 입지 않기 위해 스스로를 지키는 것이지요.

옥시토신을 받아들이는 방법은 성인이 된 뒤 연인과의 관계에 따라 변하기도 하지만, 어느 정도의 성향은 이미 정해져 있습니다.

옥시토신 수용체의 밀도가 높은 사람은 '불안형'이다

옥시토신 수용체의 밀도가 보통인 사람은 양육자가 곁에 있으면 안심하고 잠시라도 떨어지면 울다가, 돌아오면 다시 안정을 찾습니다.

수용체 밀도가 높은 사람은 양육자가 곁에 있으면 안심하고 떨어지면 우는 것까지는 똑같지만, 양육자가 돌아왔을 때 오히려 더 심하게 운다는 점에서 차이가 있습니다. '왜 나를 혼자 버려두고 간 거야?' 하며 원망하는 것이지요.

불안형의 사람들은 수용체 밀도의 균형이 맞지 않아 불안정한 감정을 느낀다고 합니다. 이런 사람이 성인이 되어 연애를 하면 '나를 버리면 죽어버릴 거야!' 같은 극단적 연애 성향을 보일 수 있습니다.

● **애착 유형**

회피형	불안형
• 상대와 거리를 두고 싶어 한다 • 어떤 일이든 무관심하다 • 자신의 생각과 감정을 표현하는 데 서툴다 • 연인의 고통을 그다지 신경 쓰지 않는다	• 버림받을까 봐 두려워한다 • 연애 관계에 의존하는 경향이 있다 • 상대를 원하는 마음과 거절하는 마음이 공존한다 • 연인에게 많은 것을 바라고 실제로 요구한다

애착 유형은 생후 6개월부터 18개월까지 특정 양육자와의 관계에 따라 결정된다.

022 생물학적으로 인간은 일부다처형이다

인간은 여러 명의 연인을 만날 수 있는 뇌를 가지고 있다

지금 우리는 일부일처제를 채택하고 있고 대부분 이 제도를 당연하게 여깁니다. **하지만 사실 생물로서의 인간은 일부일처형 종種(생물을 분류할 때 가장 기본이 되는 단위― 옮긴이)이 아닙니다.** 인간은 언제 어디서나 짝을 찾을 수 있으며, 무엇보다도 동시에 여러 명과 관계를 유지할 수 있는 고도로 발달한 뇌를 가지고 있습니다. 전체 포유류 중 고작 3~5%만이 일부일처형에 해당하지요.

여러 사람과의 관계를 가능하게 하는 뇌 내 물질이 있다

포유류 중에 일부다처형이 압도적으로 많다고 이야기했습니다. 실제 여러 명의 사람에게 눈을 돌리기 쉬운 유형인지 아닌지를 가르는 뇌 내 물질이 있습니다. 물론 다른 유전적 요소도 관여하지만요. 이 뇌 내 물질은 '아르기닌 바소프레신arginine vasopressin(AVP)'입니다. 앞에서 소개한 옥시토신과 비슷한 구조를 띠는 이 AVP에는 친절함이나 친근감을 높이는 기능이 있습니다. **그리고 AVP 수용체 유형에 따라 여러 명의 연인과 관계를 맺는 데 마음의 평안을 느끼는**

지 아닌지의 차이가 발생한다고 알려져 있습니다.

선천적으로 불륜에 빠지는 사람이 있다

앞에서 언급한 바람둥이와 마찬가지로, **여러 사람과의 관계를 유지하는 성향은 병이 아닙니다. 원래부터 일정한 비율로 존재할 뿐이지요.** 불륜이 잘 맞는 사람은 처음부터 정해져 있고, 이러한 유형은 폭넓은 인간관계를 추구하는 경향이 있습니다. 이들은 자연스럽게 늘어난 인맥의 도움을 받아 다양한 기회를 얻을 수 있고, 결과적으로 사회적·경제적 지위를 높이는 데 유리합니다.

● 포유류의 95% 이상은 일부다처형이다

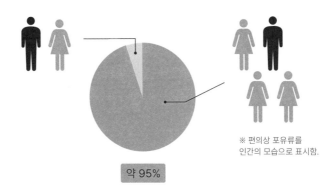

약 95%

※ 편의상 포유류를
인간의 모습으로 표시함.

현재 우리 사회는 일부일처제를 채택하고 있지만, 원래 인간은 여러 연인 관계를 유지할 수 있는 뇌를 가지고 있다.

연인이나 부부이기 전에
한 인간으로 인식하라

핵심 한마디 │ **거짓에도 여러 종류가 있다**

거짓 없는 관계를 지나치게 추구하지 마라

연인이나 부부를 비롯한 특정 사람과의 문제로 고민하는 이유는 상대에게 거짓 없는 태도와 관계를 지나치게 바라기 때문일지도 모릅니다. 물론 가까운 사람의 거짓말을 알게 된다면 기분이 좋지 않겠지요. 하지만 반대로, 거짓 없는 솔직한 말은 상처를 주거나 관계를 틀어지게 할 수도 있습니다. 어쩌면 회복 불가능한 상태가 될 수도 있지요. 게다가 그럴 때 "왜 거짓말을 한 거야?" "거짓말하면 용서하지 않겠어!"라고 윽박지르면 상대는 당신에게서 점점 더 멀어질 것입니다.

거짓말은 어떻게 받아들이느냐의 문제이기도 하다

간혹 "왜 거짓말을 했어!"라고 소리치며 배우자나 연인을 나무라는 사람이 있습니다. 거짓말은 받아들이는 방법에 따라 달라질 수 있는 문제입니다. 어쩌면 상대는 당신과의 관계를 유지하고 싶거나 당신에게 잘 보이고 싶어서 거짓말을 했을지도 모르지요.

이는 뒤에서 소개할 '메타 인지'의 관점이라고 할 수 있는데,

조금 멀리 떨어져 자신의 입장과 상황을 객관적으로 바라보면 새로운 일면이 보이기도 합니다.

연인이나 배우자를 '타인'으로 인식하라

여러분이 만약 상대와의 관계를 유지하고 싶다면 상대의 거짓말에 유연하게 대처할 줄 알아야 합니다. 무턱대고 비난하는 태도는 좋지 않기 때문입니다. 상대를 연인이나 부부 이전에 타인 또는 한 명의 인간으로 인식해보세요. 처음에는 어려울지 모르지만, 이러한 인식이 가능해지면 이성적이고 관대한 태도로 상대를 대할 수 있습니다.

상대를 연인이나 부부로 생각하기 전에 '타인' 또는 '한 명의 인간'이라고 인식하자. 그러한 인지가 가능해지면 상대를 이성적으로 대할 수 있다.

024 좋아하는 일을 추구하면 언제까지나 매력적일 수 있다

핵심 한마디 | 변하지 않는 가치를 키워라

외모의 매력도가 결과를 좌우할 수 있다

젊음이나 미모가 언제까지나 지속되지 않는다는 사실은 누구나 잘 알고 있습니다. 하지만 실제로는 대부분의 사람이 젊음이나 외모를 추구합니다. 적어도 단기적으로는 큰 이익을 얻을 수 있다고 믿기 때문이지요. 비단 연애에만 해당되는 이야기는 아닙니다. **기업의 채용이나 평가 기준을 비롯해 때로는 민주주의 체제의 선거 결과조차 외모의 매력도에 좌우된다는 사실이 여러 연구 결과에서 드러났으니까요.**

젊음과 미모는 장기적으로 사용할 수 없는 가치다

하지만 젊음이나 미모를 지나치게 중시하는 것도 문제입니다. 단기적으로는 이익을 얻을지 몰라도 장기적으로는 '외모 덕분에 이득을 보는 실속 없는 사람' '표면적인 매력밖에 없는 사람' '신뢰할 수 없는 가벼운 사람'으로 보일 위험이 커지니까요. 그렇다면 어떻게 해야 할까요? 바로 사라지지 않는 가치를 키우면 됩니다. 변하지 않는 자신만의 가치로 이 문제를 해결할 수 있습니다.

나이가 들어도 좋아하는 일을 추구하라

변하지 않는 가치를 기르려면 자신이 몰두할 수 있는 일이나 정말로 좋아하는 일을 꾸준히 계속하는 것이 좋습니다. **오래도록 변하지 않는 가치를 지니면 타인에게 신뢰를 받을 수 있고, 나날이 쌓아가는 확실한 가치에 만족감을 느낄 수 있습니다.** 이는 현명한 연애 전략으로도 이어질 수 있지요. **자신을 위한 일은 몇 살부터 시작하든 상관없습니다. 다른 사람과 비교하기 위한 재능이나 능력이 아니기 때문입니다.** 오늘날에는 나이가 들어도 여전히 매력적인 사람들을 많이 찾아볼 수 있습니다.

내가 몰입해 할 수 있는 일은 뭐가 있을까?

변하지 않는 가치란 자신이 좋아하는 일이다. 자신이 몰입할 수 있는 일을 추구하면 인생을 즐길 수 있고, 언제까지나 매력적으로 살아갈 수 있다.

025

연애의 자극이
끝난 후의 시간을 생각하라

핵심 한마디 | 사랑에 빠져 있는 시간은 길어야 4년이다

5년 후에도 이 사람과 함께하고 싶을까?

사람이라면 누구나 연애나 결혼 생활을 오래 지속하고 싶어 합니다. 너무 메마른 이야기일지도 모르지만 사랑의 설렘은 짧으면 단 몇 개월, 길면 4년쯤부터 조금씩 식어갑니다. 물론 개인차는 있겠지만요. 그래서 연애나 결혼 생활을 오래 유지하고 싶다면 사랑에 빠져 지낼 수 있는 시간은 극히 한정되어 있고, 그 이후의 시간이 훨씬 더 길다는 사실을 염두에 두어야 합니다. 관계를 오래 유지하기 위해서는 지금이 즐겁더라도 '5년 후에도 이 사람과 함께 있고 싶을까?' 하고 냉정하게 생각해보는 것이 좋지요.

24시간 내내 누군가를 위해 살아서는 안 된다

사람은 때로 누군가를 위해 살아가려고 합니다. 누군가를 위해 사는 행동은 의외로 마음을 편하게 하고 행복하게 하지요. 아무도 이 행동을 비난하지 않을뿐더러 오히려 칭찬까지 듣게 됩니다. 하지만 곤란해질 때도 있습니다. 자신이 누군가를 위해 살아가고 있다는 사실을 좀처럼 깨닫지 못하기 때문입니다. 누군가를 위해 살

고자 하는 자연스러운 욕구를 억누르기는 어렵지만, 이 욕구가 소중한 사람에게 악영향을 미칠 수 있다는 사실을 꼭 기억하세요.

스스로를 먼저 소중히 여겨라

먼저 내가 어떻게 살아가고 싶은지 생각해봐야 합니다. 그리고 스스로를 소중히 여겨야 하지요. 자신을 소중히 여길 줄 알아야 소중한 사람에 관해서도 냉철하게 생각할 수 있고, 나아가 그 사람을 진정으로 귀하게 여길 수 있습니다.

5년 후에도 정말
이 사람과 함께하고 싶은가?

사랑에 빠졌다가 깨어나는 때는 반드시 찾아온다. 연애나 결혼 생활을 오래 유지하고 싶다면 처음부터 사랑의 콩깍지가 완전히 벗겨진 5년 후를 생각해두자.

상대의 이야기를 귀담아들어라

026

핵심 한마디 | **문제를 해결해주지 않아도 된다**

고민이나 불안은 그냥 받아들여라

남성의 대다수는 여성이 고민을 털어놓으면 구체적인 해결책을 알려줍니다. 이런 상황에서 여성은 과연 무슨 생각을 할까요? **실제로 많은 여성은 해결책을 원하지 않습니다.** 지금 자신이 안고 있는 고민이나 불안을 있는 그대로 들어주기를 바랄 뿐이지요.

여성은 기본적으로 남성의 조언을 원하지 않는다

많은 여성이 조언을 구하려고 한 이야기가 아니라고 말하면, 남성은 '본인이 먼저 고민을 이야기해놓고…'라고 생각할지도 모릅니다. 만약 이런 생각을 해본 적이 있다면 꼭 '왠지 모르게 여성에게 인기 있는 남성'을 관찰해보세요. 외모나 사회적·경제적인 지위가 일부 여성을 매료시킨다는 사실은 잘 알려져 있지만, 그러한 조건이 극히 평균적인 수준인데도 신기하리만치 여성에게 인기를 끌고 있는 남성이 있습니다. 그런 남성들에게는 공통점이 하나 있는데요. **바로 여성이 하는 이야기를 어느 하나 부정하지 않고 그저 묵묵히 들어준다는 점입니다.**

조언하는 쾌감에 빠지지 않는 사람이 인기 있다

조언을 받는 사람의 심리를 조사한 연구가 있습니다. **이 연구에 따르면 사람들은 조언을 꾸지람으로 느끼고, 조언해준 사람에게 부정적인 감정을 갖는다고 합니다.** 또 다른 실험에서는 사람은 남에게 조언함으로써 자신이 뛰어난 인간이라는 착각에 빠지고, 타인의 존경하는 눈빛에 만족감을 느낀다는 사실이 밝혀졌습니다. 한마디로 조언하는 사람의 기분은 좋지만 조언을 받은 사람의 기분은 좋지 않은 '불균형'이 생깁니다. 겉으로 표현하지는 않아도 상대는 깊은 부정적 감정을 느꼈을지도 모르지요.

물론 대부분은 그런 위험까지 고려하지 못합니다. 하지만 인기가 많은 남성은 적당한 조언이 얼마나 위험한지 알고 있습니다. 조언이 여성의 마음을 멀어지게 한다는 것도 잘 알지요. 또, 확실하게 여성의 마음을 사로잡으려면 쾌감을 이용해야 하며, **그러기 위해서는 자신보다는 여성이 조언하는 편이 더 좋다는 사실을 알고 있습니다.**

사랑의 뇌 활용법

☑ 연애를 전략적으로 생각하다 보면, 오히려 연애 기회를 놓치고 만다.

☑ 바람둥이 성향은 병이 아니라 뇌에 따른 것이다.

☑ '도파민'은 사람을 연애 의존증에 빠뜨릴 수도 있다.

☑ '옥시토신'을 어떻게 받아들이느냐에 따라 연애 성향이 달라진다.

☑ 포유류의 95% 이상이 '일부다처형'이다.

제4장   돈

돈의 가치는 신뢰로 만들어진다

027

신용하기 때문에 가치가 생긴다

돈이란 매우 흥미로운 존재입니다. **돈의 가치는 많은 사람이 화폐나 동전을 이루는 소재의 가치보다 훨씬 높은 가치를 신뢰함으로써 생기기 때문이지요.** 구체적으로 설명하자면, 1만 엔짜리 지폐의 원가는 25엔 정도이고, 5천 엔짜리 지폐의 원가는 19엔 정도입니다. 하지만 액면가(화폐나 유가 증권 따위의 표면에 적힌 가격—옮긴이) 그대로의 가치가 통용되는 이유는 국가가 그 가치를 보증함과 동시에 우리가 그 가치를 신용하기 때문입니다.

그 결과 돈을 물건이나 서비스와 교환할 수 있게 되었고, 때에 따라서는 돈으로 타인의 호의와 신뢰까지 얻을 수 있게 되었습니다. 그 영향이 사랑이나 정치력 등에도 닿으면서, 요즘에는 눈에 보이지 않는 화폐 가치 때문에 우왕좌왕하는 사람들의 모습을 쉽게 볼 수 있게 되었지요. 이러한 현상은 굳이 말하지 않아도 모두가 잘 알고 있을 것입니다.

허구가 우리를 연결시킨다

고대에 조개껍데기가 화폐로 사용되었다는 사실은 이미 많은 사람이 알고 있습니다. 2019년 도쿄대학교와 나고야대학교 박물관이 공동으로 연구한 결과, 4만~4만 5,000년 전 서아시아에서 인류가 조개껍데기를 상징품으로 이용했다는 사실이 밝혀졌습니다.

상징품이 존재했다는 점에서, 인간은 오랜 옛날부터 '아름답다'라는 감각을 지니고 있었다는 사실을 추정할 수 있습니다. 상징품을 몸에 지니고 다니는 사람은 곧 존재를 상징하는 힘을 가진 사람으로 여겨졌습니다. 마치 종교처럼 집단 구성원 모두가 믿었지요. **이것이 바로 사람들을 이어주는 허구의 힘입니다.**

허구로서의 돈

조개껍데기가 고대 화폐로 사용되었다는 사실이 시사하는 바는 많습니다. 권력의 유무에 크게 관여하며 수많은 사람의 마음을 술렁이게 만드는 허구로서의 돈은 현대에도 다양한 문제를 만들어내고 있지요. 돈이라는 허구는 골치 아픈 존재이면서도 고대부터 우리의 문명을 눈부시게 발달시켜왔습니다.

1만 엔짜리 지폐의 원가는 약 25엔.

5천 엔짜리 지폐의 원가는 약 19엔.

화폐나 동전이 액면가 그대로의 가치를 보유하는 것은, 국가가 그 가치를 보증하고 우리가 그 가치를 신용하고 있기 때문이다.

028 부자로 보이는 사람은 쉽게 협력을 얻을 수 있다

핵심 한마디 | 사람은 부자를 더 신뢰한다

왜 부자로 보이는 사람에게 기부하는가?

사람들은 돈이 없는 사람보다 돈이 많은 사람을 더 신뢰한다는 사실을 증명한 실험이 있습니다. 이 실험은 설문 조사에 협조를 요청하는 방식으로 진행되었습니다. 명품 로고가 새겨진 옷을 입고 요청하는 경우와 브랜드가 없는 옷을 입고 요청하는 경우를 비교했지요.

명품 로고가 새겨진 옷을 입은 경우에는 52%가 설문에 응했고, 브랜드가 없는 옷을 입은 경우에는 14%만이 설문에 응했습니다. 기부금을 모으는 실험에서도 브랜드가 없는 옷을 입었을 때보다 명품 옷을 입었을 때 약 두 배 높은 금액이 모였습니다.

사람은 무의식적으로 보답을 기대한다

이 실험 결과를 보고 의아해하는 사람이 많을 수도 있습니다. 하지만, 실제로 우리는 부자로 보이는 사람에게 더 많은 금액을 지불하려고 합니다. 이는 무의식적으로 어떤 보답을 기대하고 있기 때문인데요. '명품 옷을 입은 사람이 더 많은 것을 보답할 게 틀림

없어'라는 생각으로 부자로 보이는 사람에게 더 협조적인 모습을
보이는 것입니다.

인간의 뇌는 가치를 제대로 측정하지 못한다

인간의 뇌는 가치를 명확히 측정하지 못합니다. 언뜻 보면 바로
알 수 있을 것 같은 물건의 길이조차 자를 사용해야 알 수 있는 법
이니, 어떤 특정 인물의 신뢰성 같은 애매한 가치를 정확하게 알 수
있을 리가 없지요.

**그래서 우리는 무언가를 판단할 때 쉽게 볼 수 있는 외모를 중시
하곤 합니다.** 세상에는 부의 편재가 존재하는데, 여기에는 부유한
사람들에게 더 많은 것을 주고 가난한 사람에게는 주지 않으려 하
는 인간의 본성이 영향을 미친다고 볼 수 있습니다.

**사람들은 부자를 더 신뢰한다. 한 실험에서 명품 로고가 박힌 옷을 입은 사람이
설문 조사를 요청한 경우, 52%의 사람이 응답했으나, 브랜드가 없는 옷을 입은
경우에는 14%만이 설문 조사에 응했다.**

029

돈을 많이 버는 것을
나쁘게 생각하는 경향이 있다

핵심 한마디 | 돈을 많이 벌어도 불안하다

사람들은 큰돈을 버는 데 죄책감을 느끼는 경향이 있다

세상에는 큰돈을 버는 사람을 부정적으로 보는 사람들이 많습니다. 돈에 대한 원망 때문에 많은 사람이 깊은 고민에 빠질지도 모르지요. 이러한 원망이 비교적 깊어 보이는 일본 사회에서는 큰돈을 버는 사람이 그러지 않은 사람들보다 더 큰 죄책감을 느낄 수도 있습니다.

'깨끗하다=옳다' '더럽다=옳지 않다'는 인식

'깨끗하다' '더럽다'와 '옳다' '옳지 않다'는 모두 뇌의 '내측전전두피질'이라는 부분이 인식합니다. 돈을 많이 번 사람을 질책하는 이유는 돈 버는 것 자체를 옳지 않은 행위로 인식하기 때문입니다. 비록 정당한 수단으로 돈을 벌어도 주변에서 좋은 소리를 듣기는 어렵다 보니, 큰돈을 버는 사람은 자신이 속해 있는 사회나 집단에서 배제될지도 모른다는 불안감을 더욱 강하게 느낄 수밖에 없겠지요.

집단의 화합을 흐트러뜨리는 사람이 제재받는 사회

돈에 대한 고민이 끊이지 않는 것은 일본 사회가 지닌 문화적 배경과 관련 있을지도 모릅니다. 일본은 자원과 지리적 조건이 제한되어 있어 예로부터 살아남기 위해서는 집단으로 행동해야만 했습니다. **그래서 혼자만 큰돈을 벌거나 남을 따돌리고 공을 세우는 등의 행동으로 집단의 화합을 깨트리는 사람은 마을에서 추방당했습니다.**

이러한 행동은 개인의 능력이 높아진 오늘날에도 뿌리 깊게 남아 있습니다. 단지 마음에 들지 않는다는 이유로 한 사람을 지나치게 비난하고 공격하는 상황을 보면 알 수 있지요. **사람들은 여전히 집단의 화합을 해치는 구성원을 제재하고 있습니다.**

> 좋아하는 일을 열심히 하다 보니 어느새 부자가 되었어.

> 저런 사람은 뭔가 더러운 일을 하는 게 틀림없어.

뇌에서 '깨끗하다' '더럽다'와 '옳다' '옳지 않다'를 구분해 인식하는 기능은 모두 '내측전전두피질'이 담당한다. 돈을 많이 번 사람을 질책하는 이유는 돈 버는 것 자체를 옳지 않은 행위로 인식하기 때문이다.

030

돈을 쓰도록
조종당했을 가능성이 크다

핵심 한마디 | 동조 압력의 강력한 힘

어느 사이엔가 돈이 다 없어진 까닭은?

동물의 뇌와 다르게 인간의 뇌는 모든 일을 예측하고 판단하는 사고력을 지닙니다. 이런 고도의 뇌가 있는데도 왜 사람들은 '나도 모르는 사이에 돈을 다 써버렸어' '이걸 왜 샀을까?' 하고 후회하는 걸까요? **'이게 필요해' '저게 갖고 싶어' 같은 마음이 누군가의 유도와 전략에 따라 생겼을 수도 있기 때문입니다.**

많은 사람이 지지하는 선택을 따르면 안심이 된다

이는 폴란드 출신의 미국 사회심리학자인 솔로몬 애쉬^{Solomon} Eliot Asch가 실시한 '동조 효과' 실험에서도 증명되었습니다. 피험자에게 간단한 테스트를 실시한 결과 최초의 정답률은 95%였습니다. 하지만 공모자 일곱 명을 더해 총 여덟 명으로 테스트를 진행하면서 공모자들에게 잘못된 답을 말하게 했더니 피험자의 정답률이 단번에 65%까지 떨어졌습니다. 이 결과는 다수의 사람이 선택한 답에 영향을 받아 피험자가 자신의 생각을 바꿨다는 것을 의미합니다. **인간에게는 다수가 지지하는 선택을 따라야 안심이 되는 심**

리가 있습니다. 다수의 선택에 동조할 때 뇌의 인지 부하가 감소하고 마음이 편해지는 것이지요.

당신의 가치판단은 유도되고 있을지도 모른다

자본주의가 발달한 현대사회에서는 이러한 심리를 철저히 이용해 구매를 유도하는 사람이 많습니다. 물건을 판매하는 사람들은 항상 유행을 이끌어낼 계기를 찾습니다. 일단 어느 정도의 사람만 모으면, 그다음부터는 특별한 수를 쓰지 않아도 많은 사람이 쉽게 타인의 가치판단을 우선시하기 때문이지요. **어떤 성향을 가진 집단이나 사회 속에서, 여러분은 누군가의 의도로 돈을 쓰게 되었을지도 모릅니다.**

자본주의가 발달한 현대사회에서 여러분이 내린 판단은 사실상 누군가의 의도에 따른 것일지도 모른다.

031

좋은 식생활과 인간관계가
당신의 재산을 지킨다

핵심 한마디 | **몸과 마음 상태가 돈에 영향을 미친다**

세로토닌은 사람의 정신을 안정시킨다

부신수질에서 분비되는 노르아드레날린이나 아드레날린은 인간의 몸을 긴장 상태로 만듭니다. 교감신경에 자극이 가해지면 심박수와 혈압, 혈당치가 상승하고, 때로는 대인기피증이라든지 무대 공포증과 같은 과도한 긴장 상태가 나타나기도 합니다.

이러한 증상을 적절하게 억제해주는 신경전달물질이 바로 세로토닌입니다. **세로토닌에는 정신을 안정시키는 기능이 있는데, 90% 정도가 소장의 점막에 존재합니다.** 그래서 장의 내부 환경을 좋게 하면 세로토닌의 분비가 촉진된다고 주장하는 사람도 있습니다.

세로토닌은 옥시토신의 감수성도 높인다

세로토닌은 사람과 사람 사이의 신뢰 형성에도 관여하고 타인과의 교류로 분비되는 뇌 내 물질인 옥시토신의 감수성도 높여줍니다. 지금까지 설명한 내용을 토대로 정리하자면, **세로토닌과 옥시토신은 규칙적인 식생활과 원만한 인간관계를 유지할 때 정상적으로 분비되고, 이는 안정적인 마음을 가질 수 있도록 해줍니다.**

고독한 환경에 놓이면 타인에게 속기 쉽다

반대로 사람과의 연결고리가 끊어졌거나 주변 사람 누구에게도 속내를 털어놓지 못하는 고독한 환경에서 지내면 세로토닌과 옥시토신이 제대로 분비되지 않아 쉽게 긴장과 불안을 느낍니다. 이런 상태가 되면 사람은 판단력을 쉽게 잃어 말도 안 되는 이야기에 현혹되기도 하고 타인에게 속아 돈을 잃을 가능성도 높아집니다.

수법이 점점 교묘해지는 요즘, 사기 범죄의 피해자는 대부분 독거노인 같이 홀로 지내는 사람들입니다. 다만 혼자 살더라도 규칙적인 생활과 건전한 인간관계를 유지해 세로토닌과 옥시토신이 정상적으로 분비된다면, 결과적으로는 재산을 지키는 데 큰 도움이 될 수 있습니다.

세로토닌	노르아드레날린·아드레날린
• 마음을 안정시킨다 • 옥시토신의 감수성을 높인다 • 마음이 안정되면 결과적으로 재산을 지킬 수 있다	• 교감신경을 자극해 긴장 상태를 초래한다 • 심박수와 혈압, 혈당치가 상승한다 • 긴장과 불안이 과도해지면 돈을 잃을 가능성도 커진다

규칙적인 식생활과 원만한 인간관계를 유지하면 세로토닌과 옥시토신이 정상적으로 분비된다. 반대로 사람과의 연결고리가 끊어졌거나 고독한 환경에서 지내면 세로토닌과 옥시토신이 제대로 분비되지 않아 긴장과 불안 상태에 쉽게 빠지고 만다.

032 타인에게 속지 않으려면 메타 인지를 키워야 한다

핵심 한마디 | 좋지 않은 상황이나 사실을 직시하라

메타 인지가 낮으면 쉽게 속는다

세로토닌을 비롯한 신경전달물질의 기능이 떨어지면 자신이 처한 상황을 제대로 파악하지 못한 채 잘못된 판단을 내릴 수 있습니다. 또, 메타 인지 능력이 부족한 사람은 남에게 쉽게 속아 넘어가지요. 여기서 메타 인지란 현재 자신이 놓인 상황을 객관적으로 명확하게 파악할 수 있는 능력입니다.

절대 속지 않는다고 자신하는 사람일수록 잘 속는다

메타 인지가 좋으면 불리한 상황에서도 사실을 객관적으로 인식할 수 있기 때문에 잘 속지 않습니다. 예를 들어, 돈이 부족한 상황이라면 그 사실을 정확하게 인지함으로써 빠른 시일 내에 효과적으로 대처할 수 있습니다. 반면에 자신에게 불리한 사실을 부정하거나 근거 없이 자신하는 사람은 메타 인지가 낮다고 볼 수 있습니다. 실제로 "나는 남한테 속지 않아!" 하고 자신하는 사람일수록 속아 넘어가는 일이 많다는 사실을 잊지 말아야 합니다.

일기 쓰는 습관으로 메타 인지를 키워라

그럼 어떻게 해야 메타 인지를 향상시킬 수 있을까요? **여러 가지 방법이 있지만, 그중에서도 가장 시도하기 쉬운 일기 쓰기를 권하고 싶습니다.** 하루에 있었던 일뿐만 아니라 당시 어떤 심정이었는지, 뭐가 기뻤는지, 왜 분했는지 같은 감정의 상태도 함께 기록해보세요. 자신이 어떤 때 화가 나고 감정이 흔들리는지 파악할 수 있습니다. 이를 알아두면, 나중에 비슷한 상황을 맞닥뜨려도 불안감이나 타인의 의도에 휘둘리지 않고 더 침착하게 대처할 수 있습니다.

현재 자신이 처한 상황을 객관적으로 명확하게 파악하는 능력을 '메타 인지'라고 한다.

033 과한 도파민이 도박 중독을 일으킨다

핵심 한마디 | 누구나 의존증이 될 수 있다

고생하지 않고 돈을 벌면 큰 쾌감을 느낀다

사람이 쾌감을 느낄 때, 뇌 속에서는 신경전달물질인 도파민이 분비되어 '보상 체계^{reward system}(자신에게 포상을 주는 회로)'를 자극합니다. 뇌는 기본적으로 게으름뱅이라서 힘들이지 않고 돈을 벌면 도파민이 분비되어 큰 쾌감을 느낍니다.

위험을 감수하고 좋은 결과를 얻으면 더욱 강한 쾌감을 느낀다

하지만 **위험을 무릅쓰고 손에 넣은 물건이나 노력해 얻은 결과에 대해서는 한층 더 강한 쾌감을 느낍니다.** 이 특성을 활용한 오락이 바로 도박이지요. 도박은 위험을 감수해야 하지만 큰 어려움 없이 돈을 벌 수 있습니다. 그래서 사람들은 자연스럽게 도박에 끌리지요. 도박을 하려면 어느 정도의 기술이나 지식을 몸에 익혀야 하는데, 이 과정이 노력으로 인식되어 도박에 더 끌리게 됩니다. 이러한 이유들로 많은 사람이 도박으로 돈을 벌면서 강한 쾌감을 느끼고, 결국은 중독에 빠지고 맙니다. 실제로 도박이나 과금 게임에 빠지는 사람이 무척 많지요.

보상 체계가 자극을 받으면 의지로는 멈출 수 없다

의지가 약하고 유혹을 물리치지 못해 도박 의존증이 생긴다고 생각하기 쉽습니다. **하지만 뇌 내에서 분비되는 신경전달물질의 균형에 이상이 생겨 의존증에 빠지는 것이며, 의지력으로는 어찌할 수 없습니다.** 게다가 파친코나 슬롯머신 등은 애초에 어느 정도 당첨되도록 설계되어 있어 보상 체계에 심한 자극을 받으면 누구라도 멈추기 어렵습니다. 의지력의 문제가 아니라는 말이지요. 요즘 세상에는 사람들을 유혹하는 오락물이 넘쳐납니다. 도파민이 과도하게 분비되면 누구든 의존증에 빠질 수 있습니다.

● 도파민이 보상 체계를 자극한다

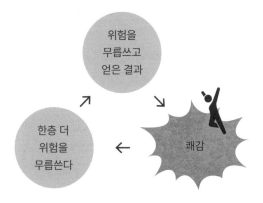

의지가 약해 유혹을 이기지 못하는 것이 아니라, 뇌 내에서 분비되는 신경전달물질의 균형에 이상이 생겨 의존증에 빠지는 것이다.

034 사람은 금액보다 타인과의 차이에 더 민감하다

돈에 대한 고민이 끊이지 않는 이유

'내 월급은 쥐꼬린데 저 사람은 돈을 많이 버네' '매일 죽어라 일하는데도 직업에 따라서 연봉이 큰 차이가 나네'와 같이 돈에 대한 고민은 끊이지 않습니다. 하지만 가만히 생각해보면 고민의 원인은 다른 사람과의 관계성에 있는 경우가 상당히 많습니다. 본래는 큰 문제가 아니었지만 타인과 계속 비교하다 보니 어느새 괴로움에 빠져드는 것이지요. **뇌에는 금액 자체보다 오히려 타인과의 차이에 더 민감하게 반응하는 특성이 있습니다.** 돈이 있다고 다 행복한 것은 아닌 이유가 바로 여기에 있습니다.

돈이 있다고 반드시 행복한 것은 아니다

돈은 많으면 많을수록 좋다고 생각하기 쉽습니다. 하지만 노벨 경제학상을 수상한 경제학자이자 심리학자인 대니얼 카너먼^{Daniel} ^{Kahneman}은 2010년에 발표한 연구를 통해 **연봉 8,600만 원 이상을 벌면 연봉 상승에 비례하던 행복감이 한계점에 도달한다는 사실을 밝혀냈습니다.** 돈이 많다고 해서 꼭 행복한 것만은 아닙니다. 어쩌면 가까운 사람과 자신의 수입을 비교하는 데서 돈과 관련된 고민이 싹 트는 것인지도 될지도 모르지요.

돈을 벌면 더 많은 돈을 버는 사람이 나타난다

2011년도 일본 정부의 공식 조사에서도 세대별 연봉이 1억 7천 만 원 정도일 때 행복도가 한계에 다다른다는 사실이 밝혀졌습니 다. '연봉이 1억 7천만 원이면 당연히 행복하지!'라고 생각하기 쉽 지만 그만큼 벌 수 있는 능력이 있다면 분명히 주변에 돈을 더 많 이 버는 사람들이 있을 것입니다. 그러면 자연스럽게 그 사람과 자 신을 비교하게 되겠지요. 실제로 자신보다 수입이 많은 사람이 한 둘이 아니라는 사실을 알게 되면 현재의 자신에 만족하지 못할 것 입니다. **가까운 타인과 비교함으로써 행복도는 점점 낮아진다고 할 수 있지요.**

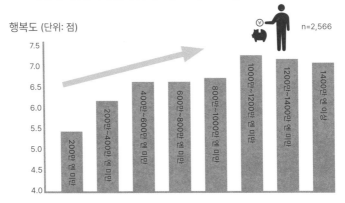

● **세대의 1년 간의 수입과 행복도 (2011년도 조사)**

행복도 (단위: 점)   n=2,566

- 7.5
- 7.0 — 1000만~1200만 엔 미만
- 6.5 — 400만~600만 엔 미만 / 600만~800만 엔 미만 / 800만~1000만 엔 미만 / 1200만~1400만 엔 미만 / 1400만 엔 이상
- 6.0 — 200만~400만 엔 미만
- 5.5 — 200만 엔 미만
- 5.0
- 4.5
- 4.0

※ 행복도에 관한 질문: 현재 당신은 얼마나 행복합니까?
— 매우 행복하다: 10점
— 매우 불행하다: 0점

035 평소 돈에 관해 생각하고 사소한 도전을 반복하라

핵심 한마디 | 돈과 더 가까워져라

나에게 돈의 가치란 무엇인가를 생각하라

앞에서 언급했듯이 뇌의 특성상 돈 버는 행위를 부정적으로 생각하는 사람이 많습니다. 돈은 자신의 욕구를 충족시켜줄 수도 있지만 동시에 어려운 사람을 돕거나 고통을 없애줄 수도 있습니다. **돈은 어떤 가치가 있으며, 돈으로 무엇을 할 수 있을지 다시금 깊이 생각해보면 좋겠습니다.**

지금까지와는 다른 방법을 모색하라

우리는 갑작스러운 경기 악화 등으로 경제적 피해를 겪을 때가 있습니다. 이런 일은 돈을 마주하는 자세의 중요성을 가르쳐주기도 합니다. 물론 궁핍한 생활에 익숙하지 않은 동안에는 어려울지도 모릅니다. 하지만 돈이 없어서 고생하는 시기를 오히려 변화의 좋은 기회로 삼아 한 발짝 더 내디뎌야 합니다. '왜 실패한 거지?' '어디에 취약점이 있었던 걸까?'라는 생각을 하며 지금까지와는 다른 방법을 모색해야겠지요.

2020년 이후, 코로나19는 팬데믹이라는 예상치 못한 파도를 불러왔습니다. 머지않아 AI(인공지능)의 보급 등 또 하나의 큰 파도가 찾아올 테니 미리 이런 생각을 해보는 것이 좋겠지요.

자신의 아이디어를 작게 시도하라

'대체 돈이란 무엇일까?' '돈이 얼마나 있어야 잘 살아갈 수 있을까?' '어떻게 하면 모두 흔쾌히 내 사업에 돈을 투자해줄까?' 같은 물음에 답하는 데는 특별히 높은 IQ가 필요하지 않습니다. **오히려 나름의 답을 생각하며 작게 시도해보는 것이 비결이지요.** 실패하면 또 새로운 방법을 생각해내면 되니까요. 이는 과학 실험과 비슷할지도 모릅니다. 이렇게 평소 돈을 친밀하게 느끼고 다루다 보면 돈에 관한 쓸데없는 고민도 자연스레 줄어들 것입니다.

● 돈과 관련된 고민에 빠졌을 때 할 수 있는 질문 목록

Q. 왜 실패했을까?
Q. 어디에 약점이 있었을까?
Q. 나에게 돈은 무엇인가?
Q. 돈이 어느 정도 있어야 잘 살아갈 수 있을까?
Q. 어떻게 하면 모두 흔쾌히 나에게 투자할까?

평소 돈에 친근감을 가지고, '나'와 돈의 관계를 진지하게 마주하면 돈에 관해 쓸데없이 고민하는 일이 줄어든다.

돈의 뇌 활용법

☑ 돈은 허구로 성립되며 허구가 우리를 연결한다.

☑ 사람은 부자로 보이는 사람에게 더 많은 돈을 투자하려고 한다.

☑ 당신의 구매는 누군가에게 유도되었을 가능성이 크다.

☑ '나는 절대 속지 않는다'라고 믿는 사람일수록 남에게 속기 쉽다.

☑ 돈에 대한 고민이 끊이지 않는 까닭은
금액 자체보다 타인과의 차이에 민감하기 때문이다.

제5장

자존감

036 타인과 비교하지 말고 있는 그대로의 나로 살아가라

핵심 한마디 | 타인이 어떻게 생각하는지는 아무 상관 없다

보상 체계가 자극을 받으면 마음이 편해진다

뇌에는 쾌감을 만들어내는 데 관여하는 부분이 있는데 이들을 통틀어 보상 체계라고 합니다. '마음이 편하다' '기분이 좋다'라고 느낄 만한 일을 할 때 이 보상 체계가 자극됩니다. **이때 현실적인 자신과 이상적인 자신이 일치하는 '자기 일치' 상태가 되지요.**

마음 편한 일을 하며 살아가라

행복하게 살아가려면 자신이 어떤 상황에서 기분이 좋고 마음이 편한지 확실히 알아야 합니다. 스스로를 있는 그대로 받아들일 수 있는 상태가 되어야 하지요. 그 상태를 만들기 위해 힘을 쏟아야 하는데, 이때 술이나 도박으로 도파민이 과도하게 분비되는 상황은 피해야 합니다. **있는 그대로의 '나'를 받아들이는 것은 자신만의 기준으로 살아가는 데서 시작되기 때문에, 타인이 아닌 자신의 가치관에 따른 행복을 정의해야 합니다.**

나만 느낄 수 있는 행복을 찾아라

돈, 외모, 소유물, 지위, 학력 등을 타인과 비교하다 보면 절대 자신의 행복을 찾을 수 없습니다. **남과 비교하는 데 시간과 감정을 허비하지 말고, 나만 느낄 수 있는 행복을 찾는 데 온 힘을 다해보세요.** 그러면 앞서 말한 '자기 일치' 상태가 되어 한결 편안해질 것입니다. 항상 편안한 마음과 자신만의 행복을 느끼게 되면, 저절로 미소가 떠오르고 주변 사람들의 마음도 온화해져 더 많은 사람과 사랑을 나눌 수 있게 됩니다. 그러면 전보다 더 마음 편안한 환경이 자신을 감싸게 되겠지요.

타인과의 비교에 마음을 빼앗기면 자신의 행복을 찾을 수 없다. 자신의 기준과 가치관으로 살아가는 데서 만족스러운 인생이 시작된다.

037

쓸데없는 일이
인간을 인간답게 한다

핵심 한마디 | 인간에게는 놀이가 필요하다

합리성만을 추구해온 현대인

최근 현명하게 살아가기 위해서는 쓸데없는 일을 하지 않아야 한다고 생각하는 사람들이 많습니다. 합리주의적 사고와 방법론을 바람직하다고 여기는 것입니다. 업무는 물론이고 일상에서도 합리성을 추구하는 자세가 멋진 행동인 것처럼 칭찬받기도 합니다.

반면에 **놀이는 살아가는 데 필요 없는 것, 쓸데없이 시간과 돈을 허비하는 행위**로 보는 사람들이 있습니다. 특히 문화와 예술 같은 창조 행위에 몰두하는 것을 당장 도움이 되지 않는 일로 여겨 배제하기도 합니다. 이들은 본래 인간에게 필요한 풍요롭고 세련된 행위인데도 말이지요.

놀이(자극)가 없으면 뇌는 성장하지 못한다

하지만 인간의 뇌는 기계와 다릅니다. 실제로 **뇌가 발달하려면 놀이라는 자극 요소가 상당 부분 필요**합니다. 1998년 미국 샌디에이고에 있는 솔크 생물학 연구소^{Salk Institute for Biological Studies}(소아마비 백신 개발자 조나스 솔크가 세운 세계적인 생명공학연구소—옮긴이)의 연구자들이 성인이 되어도 뇌에 새로운 신경세포가 만들어진다는 사실을 밝혀냈습니다. 하지만 새로운 세포가 생겨나도 놀이 요소가 없으면 금방 죽고 맙니다.

놀이가 건전한 자존감을 길러준다

최근 10여 년간, 일본인들은 "승자가 되어라" "쓸데없는 일을 하지 마라" "생산적으로 살아라" 같은 말을 끝없이 들어왔습니다. 이런 상황에서 건전한 자존감을 갖고 살아가는 것은 매우 어렵지요. 또 사회에서 놀이를 배제한 것에 대한 반작용인지, 극단적인 신흥 종교나 영적 미신 같은 데 깊숙이 빠져드는 사람도 늘어난 것 같습니다. 수상쩍은 사업이나 인터넷 악성 댓글에 빠지는 사람도 많아졌고요. 인간은 본래 많은 놀이가 필요한 생명체이며, **인간을 인간답게 하는 조건 중 하나가 바로 놀이**가 아닐까 생각합니다.

인간의 뇌는 기계와 다르다. 문화나 예술 등 창조 행위에 몰두하는 일이 당장은 도움이 되지 않는 '놀이'일지도 모르지만, 인간을 인간답게 하는 조건 중 하나라고 할 수 있다.

새로운 일을 접할 때마다 조금씩 나다워진다

038

핵심 한마디 | 호기심을 중요하게 여겨라

자극 추구 성향이 행동을 좌우한다

자극 추구 성향은 새로운 일에 뛰어들거나 새로운 것을 알아가는 데 기쁨을 느끼는 특성으로, 태어날 때부터 성향이 강한 사람과 약한 사람이 정해져 있습니다. 일상의 쉬운 예를 들자면, **자극 추구 성향이 강한 사람은 새로운 가게의 개업 소식이 들리면 바로 달려가고, 신상품을 빨리 사고 싶어 합니다.** 반면에 새로운 것에 호기심이 적고 도전 성향이 약한 사람은 늘 똑같은 물건을 구매하거나 매번 다니는 가게에만 가는 경우가 많지요.

주변의 의견을 따르기만 하면 나다움이 사라진다

자극 추구 성향이 약하다고 해서 나쁜 것은 아닙니다. 다만, **자극 추구 성향이 약한 사람은 자신의 의사보다 사회의 상식과 규칙을 우선 따르곤 하는데,** 이것을 필요 이상으로 지키다 보면 나다운 삶을 살기가 어려워집니다. 상식과 규칙만 중시하거나 항상 부모나 상사에게 순종하는 사람은 어쩌면 자신을 소중하게 대하고 있지 않을 수도 있습니다.

성격은 바꿀 수 없어도 행동은 바꿀 수 있다

앞서 말했듯이 자극 추구 성향은 유전적으로 이미 결정되어 있기 때문에 성격 자체를 바꿀 수는 없습니다. 하지만 **자신의 성격을 자각해 행동을 바꿀 수는 있습니다.** 자신의 자극 추구 성향이 약하다는 것을 인지하면 새로운 일을 접할 때마다 조금씩 용기를 내 다르게 행동할 테니까요. 그런 시도를 거듭해가면 누구나 자신을 소중히 여기며 살아갈 수 있습니다.

● **자극 추구 성향과 행동 패턴의 관계**

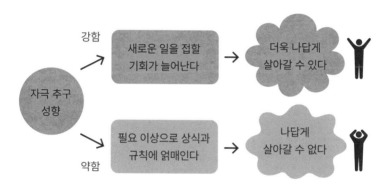

자극 추구 성향은 새로운 일에 뛰어들거나 새로운 것을 알아가는 데 기쁨을 느끼는 특성을 가리킨다. 성향은 선천적으로 결정되지만, 자신의 성격을 자각하면 행동을 바꿀 수 있다.

자기혐오에 빠질 때
한 발 더 성장한다

불쾌한 감정으로 자신의 부족한 점을 깨달을 수 있다

자신감을 가지고 긍정적으로 살아가려다가 과거에 한 말이나 행동이 떠올라 후회와 우울감에 빠져본 적이 있을 것입니다. 누구나 한 번쯤은 경험하는 일이지요. **물론 이것이 심하면 자기혐오에 빠지는 사람도 있겠지만, 사실 불쾌한 감정이 없으면 사람은 성장할 수 없습니다.** 이유는 단순합니다. 불쾌한 감정을 느끼지 못해 자신의 부족한 점을 깨닫지 못하면 스스로를 바꿀 수 없기 때문이지요.

자기혐오는 학습을 위한 피드백이다

자신에 대해 고민하는 것은 학습을 위한 피드백입니다. 세상에 잘 적응할 수 있도록 스스로를 학습시키는 것이지요. 자기혐오는 '이런 내가 싫어!' '그런 일은 두 번 다시 겪고 싶지 않아!'라는 마음이 들게 하고, 강력한 힘으로 스스로를 학습시킵니다. 그래서 이를 경험한 사람들은 큰 불쾌감에 빠지게 됩니다. 하지만 극단적인 경우가 아니라면, 자기혐오에 빠지는 것은 자연스러운 현상입니다. **물론 불쾌한 감정이 너무 자주 반복되면 마음이 피폐해질 수 있습**

니다. 하지만 그러면서도 앞으로 나아갈 수 있는 사람은 지나치게 자신만만한 사람보다 훨씬 더 크게 성장할 수 있습니다.

피드백을 받아들이면 성장할 수 있다

노력에 대한 보상을 받지 못해 자기혐오에 빠지는 경우도 있습니다. **그럴 때는 일을 못한다고 자책하지 말고, 노력하는 방법이 잘못되지는 않았는지 확인해보세요.** 타인의 피드백에 마음이 상하더라도, 그 조언을 받아들여 고쳐나가야 합니다. 그것이 바로 학습이며, 인간의 뛰어난 능력 중 하나인 학습 능력입니다. 더 구체적인 노력 방법은 7장에서 소개하겠습니다.

● **불쾌한 감정이라는 피드백 시스템**

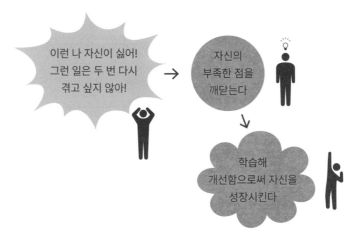

이런 나 자신이 싫어!
그런 일은 두 번 다시
겪고 싶지 않아!

→

자신의
부족한 점을
깨닫는다

학습해
개선함으로써 자신을
성장시킨다

자신에 관해 고민하는 것은 주변 세상에 더욱 잘 적응하도록 인간을 학습시키는 하나의 시스템이다.

자신이 싫어하는 부분을 재능으로 바꿀 수 있다

핵심 한마디 | 건전한 자신감이 자존감을 기른다

자신이 싫어하는 부분을 객관화하고 인정하라

누구에게나 좋아하는 자신의 모습과 싫어하는 자신의 모습이 있을 것입니다. 싫어하는 부분을 객관적으로 바라보고 인정할 수 있다면 표현 방법이나 행동을 고침으로써 성장할 수 있고, 이는 긍정적인 자존감으로 이어집니다. **나아가 싫어하던 자신의 모습을 자질이나 재능으로 여기게 될지도 모르지요.**

자신이 싫어하는 부분을 긍정적으로 인식하라

싫어하는 부분을 인정하고 건전한 자존감을 기르려면 무엇보다도 자신감이 중요합니다. **자신의 못마땅한 부분을 꼽아보고, 이를 하나씩 긍정적으로 생각하면 효과적으로 자신감을 키울 수 있습니다.** 이 방법은 관점이나 사고방식을 바꿈으로써 행동을 바꿔나가는 인지 행동 요법과도 비슷합니다. 자신의 싫은 부분을 제대로 마주하고 긍정적인 방향으로 의식을 바꾸다 보면 튼튼한 성장의 기반을 다질 수 있습니다.

강점과 약점은 동전의 양면과 같다

자신이 싫어하던 자질을 강점이나 재능으로 바꿀 수도 있습니다. 예를 들어 자신의 우유부단한 성격을 싫어하는 사람이 그 성격을 매사 신중하게 생각하고 판단할 수 있는 능력으로 인식할 수 있습니다. 어떤 일에 집중하는 것을 어려워하는 사람은 우수한 사람들을 모아서 팀을 꾸리는 능력이 있을지도 모릅니다. **자신이 싫어하는 부분을 내버려두면 자신감을 찾을 수 없습니다.** 자신의 약점을 강점으로 인식하고, 부정적으로 여겼던 점을 재능으로 바꿔보세요. 그러면 조금씩 자신감이 커질 것입니다.

● **자신의 약점을 강점으로 바꾼다**

① 자신의 싫은 부분을 하나씩 적어보자

예
- 우유부단한 성격
- 사람들 앞에서 이야기하는 게 힘들다

② 긍정적으로 인식을 바꾸자

예
- 매사 신중하게 생각하고 판단하는 능력이 있다
- 다른 사람의 이야기를 귀담아듣는 재능이 있다

자신이 싫어하던 약점을 강점으로 인식함으로써, 부정적으로 여기던 점을 재능으로 바꿀 수 있다.

칭찬으로 더 나은 사람이 될 수 있다

041

자신의 장점은 의외로 쉽게 발견할 수 있다

나 자신을 좋아하고 싶다면 먼저 의식적으로 본인의 장점을 찾아보세요. '타인의 이야기를 잘 들어주는 나' '일을 꼼꼼하게 처리하는 나'처럼 평소에는 보이지 않던 장점들을 많이 발견할 수 있습니다. 그리고 매일 스스로를 칭찬하는 습관을 들여보세요. **장점을 찾아 꾸준히 칭찬하다 보면 자연스럽게 스스로를 좋아하게 될 테니까요.**

스스로를 칭찬하기만 해도 자신의 가치를 찾을 수 있다

누군가에게 칭찬받는 자신의 모습을 상상하는 것도 좋은 방법입니다. 인간의 뇌에는 '누군가에게 도움이 되었다' '모두에게 좋은 평가를 받았다'처럼 사회적 인정을 강하게 추구하는 특성이 있습니다. 사회적 인정을 받으면 점점 더 의욕이 솟아나는데, 이 욕망은 스스로를 칭찬할 때도 채워집니다. **꾸준히 자기 자신을 칭찬하다 보면 점점 스스로의 가치를 높게 평가하게 됩니다. 이 과정이 반복되면, 나중에는 칭찬에 딱 들어맞는 사람이 될 수 있겠지요.**

타인에 대한 인정은 결국 자신에게 되돌아온다

자기 자신을 인정할 수 있는 사람은 자연스럽게 타인도 인정하게 됩니다. 사람은 칭찬이나 인정을 받으면 기쁘기 마련이고, 상대에게 보답하고 싶은 마음이 생깁니다. 당신에게 칭찬을 받은 사람이 당신을 좋아하게 되면서 하나의 선순환이 생겨나지요. 이렇듯 뇌에는 사람이 사회성 있게 행동하도록 방향을 잡아주는 시스템이 있습니다. 최근에는 이를 '사회적 뇌'라고도 부릅니다.

주변 사람들의 좋은 점을 인정해주면 그것은 돌고 돌아 자신에게로 올 것입니다. 이러한 선순환을 위해, 먼저 스스로를 칭찬해보는 건 어떨까요?

스스로를 칭찬해도 사회적 보상에 대한 만족감을 채울 수 있다. 그렇게 계속하다 보면 자신의 가치를 인정하게 되어 정말로 그러한 사람으로 변화한다.

042

겉모습을 가꾸면
자연스럽게 자존감도 높아진다

핵심 한마디 | 사람은 겉모습으로 판단한다

차림새에 무관심한 사람은 대체로 자존감이 낮다

끊임없이 스스로를 지적하는 자존감 낮은 사람을 관찰하다 보면 한 가지 사실을 알 수 있습니다. 바로 옷차림새에 무관심한 사람이 많다는 건데요. 예를 들어 그들은 양말에 구멍이 나 있거나 신발이 더러워도 전혀 개의치 않는 모습을 보입니다. **만약 당신이 자존감이 낮다는 생각이 들면 반드시 겉모습을 점검해보세요. 그리고 신경이 쓰이는 부분부터 하나씩 바꿔보세요.** 제대로 된 옷, 입고 싶은 옷을 입는 것은 자존감을 높이는 데 매우 중요한 행동입니다. 평소 어울리지 않는다고 생각했던 옷도 한 번 입어보세요. 자존감이 조금씩 높아지는 것을 느낄 수 있습니다.

옷차림새에 신경 쓰는 자신을 인식하라

앞서 옷의 브랜드에 따라 달라지는 사람들의 반응을 다룬 실험을 소개했지요. 이를테면 평소에 입고 다니던 후드티를 유명 브랜드의 상품으로 바꾸기만 해도 주변의 대우가 달라질 수 있습니다. 이유는 단순합니다. **타인은 당신에 관한 거의 모든 정보를 '겉모습'**

에서만 얻기 때문이지요. 옷차림새에 신경을 쓰면 처음 가는 가게나 식당에서도 그에 걸맞은 대우를 받을 수 있습니다. 온몸을 명품으로 휘감아야 좋다는 말이 아닙니다. '괜찮은 옷을 입은 나'를 확실하게 인정하는 일 자체가 중요한 것이지요.

자신을 부정하면서 동시에 긍정할 수는 없다

자존감을 높이려고 하다 보면 현재 자신의 자존감이 낮다는 것을 인식하게 됩니다. '지금의 나는 형편없어!'라고 생각하면서 자존감을 높이려고 하면 좋은 결과가 나올 수 없습니다. 오히려 괴롭기만 할 뿐이지요. 그럴 때는 지금 입고 있는 옷을 비롯한 겉모습에 변화를 주고, 자기 자신을 제대로 바라보세요. 이런 작은 행동이 바로 스스로를 인정하는 데 필요한 비결입니다.

좋은 옷을 입었더니
자신감이 생기네!

자신감이 들지 않을 때는 우선 입고 있는 옷, 즉 겉모습에 변화를 주고 스스로를 제대로 인식한다. 이런 사소한 행동이 자신을 인정할 수 있도록 이끌어준다.

043

당당한 자세를 취하면
긍정적인 마음이 생긴다

핵심 한마디 | **긍정적인 척만 해도 괜찮다**

긍정적인 사고를 원한다면 바른 자세를 갖춰라

걸모습을 바꾸기 위해 꼭 비싼 물건을 사용할 필요는 없습니다. 미국의 사회심리학자 에이미 커디^Amy Cuddy^가 실시한 실험에서 **등을 꼿꼿이 세우고 가슴을 당당하게 펴는 '파워 포즈^power pose^'를 취하기만 해도 저절로 자신감과 긍정적인 마음이 생긴다는 사실이 밝혀졌습니다.** 물론 의문을 제기하는 연구자도 있지만요. 자신감이 없을 때 자세를 바꾸기만 해도 뇌 속에서 분비되는 호르몬이 변화합니다. 구체적으로는 테스토스테론이라는 남성 호르몬의 분비가 촉진된다고 알려져 있지요.

파워 포즈를 취하면 스트레스 호르몬이 감소한다

파워 포즈를 취하면 스트레스 호르몬인 '코르티솔^cortisol^'의 수치가 줄어든다는 사실도 확인되었습니다. 이는 운동선수가 사용하기도 하는 방법으로, 요컨대 암시를 걸어 자신감을 얻는 것입니다. 흥미롭게도 파워 포즈와 달리 등을 구부리고 고개를 떨군 자세를 취하면 반대의 결과가 나온다고 합니다. 자신의 감정을 바꾸는 것은 좀처럼 쉽지 않지만, 자세를 달리하는 것만으로도 감정을 조절할 수 있습니다.

자세를 바꾸기만 해도 자존감을 기를 수 있다

평소에 등을 구부리고 다니는 버릇이 있다면 하루에 단 5분이라도 좋으니 당당하고 반듯한 자세를 취하는 습관을 들여보세요. 자세를 조금씩 바꿔가면 점점 내면의 강인함도 생길 것입니다. **언제나 당당한 자세로 있으면 주위 사람들이 '함부로 대하지 말아야지' '이 사람과 친하게 지내고 싶어'라고 생각할지도 모릅니다.** 누구에게나 극적인 효과가 있는 것은 아니지만, 자세를 바꾸는 정도의 작은 변화가 쌓이면 분명 건전한 자존감을 길러줄 것입니다.

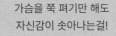

가슴을 쭉 펴기만 해도
자신감이 솟아나는걸!

왠지 자신감이 없을 때는 당당한 자세를 취하기만 해도 좋다. 뇌 속에서 테스토스테론이 분비되어 가라앉기 쉬운 감정을 조절할 수 있다.

044 이타적으로 행동하면 자존감이 높아진다

핵심 한마디 | 칭찬은 신체 건강에도 좋다

칭찬은 돈을 받는 것만큼이나 기쁘다

뇌에는 쾌감을 생성하는 부분이 있습니다. 이 부분이 자극을 받으면 아주 큰 기쁨을 느끼지요. 자연과학연구기구 생리학연구소의 사다토 노리히로 교수는 연구를 통해 **칭찬만으로도 돈이 생겼을 때와 비슷한 크기의 기쁨을 느낄 수 있다**는 사실을 밝혔습니다. 다른 여러 연구에서도 뇌 속에 있는 보상 체계가 자극을 받으면 '자연 살해 세포^{natural killer cell}(바이러스 감염 세포나 암세포를 공격하는 림프구)'가 활발해져 건강에 좋다고 밝혔습니다.

이타적으로 행동하면 칭찬할 기회도 늘어난다

굳이 남에게 칭찬받지 않더라도 스스로 자신의 가치를 높게 평가해 쾌감을 얻을 수 있습니다. 자신의 가치를 높게 평가할 때 뇌에 있는 내측전전두피질이 '난 멋져!' '난 좋은 일을 했어'라고 판단합니다. 여기에 타인의 좋은 평가가 더해지면 더욱 큰 기쁨을 느낄 수 있지요. 인간은 이기적으로 행동하는 것보다 이타적인 행동으로 타인의 칭찬을 받는 것을 더 좋아합니다. **또, 이타적으로 행동해야**

더 큰 쾌감과 자존감을 얻을 수 있습니다.

스스로 좋은 결과를 이끌어내는 환경을 만들자

일에서도 일상생활에서도 주변 사람들이 이익을 얻을 수 있게 사고하고 행동하면 점점 더 좋은 평가를 받게 됩니다. 그리고 이때 받는 평가와 칭찬은 보상 체계를 한층 더 자극합니다. 당연한 말이 지만 이타적으로 행동하면 인간관계가 원만해지고, 이는 좋은 결과를 끌어낼 수 있는 환경으로 이어집니다.

칭찬이 뇌의 보상 체계를 자극하면 큰 기쁨을 느끼게 되고, 쾌감과 자존감을 얻을 수 있다. 그 기쁨은 돈을 손에 넣었을 때와 맞먹을 정도로 크다.

045 타인의 힘을 활용해야 마지막에 살아남는다

핵심 한마디 | 혼자만 잘되면 결국 망한다

멸종 위기에 몰린 강인한 검은코뿔소

오늘날 세계에는 환경 변화와 밀렵 횡행 등으로 멸종 위기에 처한 생물들이 있습니다. 검은코뿔소 또한 멸종 위기종에 해당하지요. 검은코뿔소는 전투 능력이 매우 높습니다. 성체(다 자라서 생식 능력이 있는 동물―옮긴이)가 되면 생존 위기에 빠지는 일이 거의 없다고 할 만큼 강인한 동물이지요. 검은코뿔소는 진화 과정에서 무리를 짓지 않는 방법을 선택했고, 외적의 공격을 덜 받기 위해 적은 수의 새끼를 낳아 기릅니다. 확실한 성체가 되어야 생존 확률이 높아지기 때문이지요.

지나칠 정도로 환경에 적응하면 변화를 견디지 못한다

하지만 인간이 환경을 파괴하는 속도가 검은코뿔소가 환경에 적응하는 속도를 압도적으로 추월하고 말았습니다. **불행하게도 검은코뿔소는 인간이 존재하기 이전의 환경에 최적화되어 있기 때문에 빠른 환경 변화를 견뎌낼 수 없었던 것이지요.** 현재 인간 사회에서도 이와 비슷한 일이 일어나고 있다는 생각이 듭니다.

살아남기 위해서는 '혼자 이기지 않는' 길을 선택하라

기세가 왕성한 사람은 반드시 쇠퇴한다는 성자필쇠盛者必衰라는 이치가 있습니다. 사람이든 기업이든 어떤 시기에 아무리 잘나갔어도 언젠가는 쇠퇴하기 마련입니다. **환경이 격변할 때 마지막까지 살아남는 것은 오히려 혼자 독점하지 않고 도움을 주고받으며, 모두 함께 살아남을 수 있도록 애써온 자들이지요.** 자존감도 마찬가지입니다. 혼자 잘되어서 얻은 자신감과 실적은 결코 오래가지 않습니다. 타인을 배려하고 타인의 힘을 활용할 줄 알아야 살아남을 수 있고, 진정한 자존감도 기를 수 있습니다.

실패 따위 아무것도 아니야.
다시 함께 해보자고!

고마워! 덕분에 기운이 난다.

혼자만 잘되려 하지 않고 서로 돕고, 함께 생존하도록 행동하는 사람이나 기업만이 최종적으로 살아남기 마련이다. 타인을 배려하고 타인의 힘을 활용함으로써 강한 자존감을 획득할 수 있다.

046

뇌, 체질, 사고방식 등 당신의 패는 이미 돌려졌다

핵심 한마디 | 자신을 바꾸지 않는 전략을 세워라

뇌에는 사람마다 타고난 본성이 있다

주변에 '이전과는 다른 사람이 되겠어!'라고 말하며 굳은 의지를 다지는 사람이 많습니다. **하지만 자신을 근본적으로 바꾸기는 상당히 어렵습니다.** 지금까지 설명했듯이, 우리의 뇌에는 스스로 어떻게 할 수 없는 타고난 본성이 있기 때문이지요. 안도감을 주는 세로토닌, 의욕을 돋우는 도파민, 집중력을 높이는 노르아드레날린 등 뇌에 있는 다양한 신경전달물질은 개인에 따라 그 양이 다릅니다. 또한 이들 전체량을 조정하는 모노아민 산화효소도 유전 인자에 따라 개인차가 있어 분해 정도가 다릅니다. 다시 말해, 뇌에는 저마다 타고난 본성이 있고 그것이 개성을 만들어냅니다. 그 개성(뇌)의 작용을 바꾸려고 하는 것은 그다지 효율적인 시도라고 볼 수 없지요.

지금 자신이 가진 모든 것을 활용하라

그렇다면 어떻게 해야 할까요? **저는 현재의 자신을 최대한 활용해보라고 말하고 싶습니다.** 세상의 기준에 자신을 맞출 필요는 없습니다. **타고난 체질, 길러진 사고방식과 가치관, 직감 등 자신이 갖추고 있는 모든 요소를 최대한으로 활용하세요.** 그러면 인생이 나름의 길을 그려내며 확실하게 나아질 것입니다. 여러분의 패는 이미 태어날 때부터 정해져 있으니까요.

나를 바꾸려고 괴로워하는 건 이제 그만하라

좋은 성장 환경과 조건에서 나고 자라지 못했어도 미래를 꿈꾸며 노력하면서 행복하게 살아가는 사람이 수없이 많습니다. 반대로 자신이 갖고 태어난 행운의 패를 충분히 활용하지 못하는 사람도 있지요. 승부는 자신에게 있는 패를 어떻게 활용하느냐에 달려 있습니다. 사고와 가치관에 따라 얼마든지 즐겁게 살 수 있고 긍정적인 마음으로 행복을 좇을 수 있습니다. '나를 바꿀 거야!'라는 집착에 괴로워하는 건 이제 그만둡시다. **'내'가 '나'를 긍정하며 살아가면 좀 더 행복하지 않을까요?**

● **지금의 자신을 최대한 활용하면 길이 열린다**

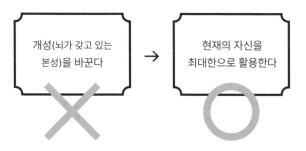

나를 바꾸려고 괴로워하지 말고 지금 있는 그대로의 자신을 인정하고 긍정하며 살아가자. 그러려면 자신의 타고난 체질과 사고방식, 가치관, 직감 등 모든 요소를 최대한 활용해야 한다.

자존감의 뇌 활용법

☑ 마음이 편한 일을 하면 '보상 체계'가 자극을 받아
있는 그대로의 나로 살아갈 수 있다.

☑ 호기심을 소중히 여기고 새로운 것을 알려고 하면
나답게 살아갈 수 있다.

☑ 나의 싫은 부분을 긍정적으로 새롭게 인식하면
나만의 재능으로 바꿀 수 있다.

☑ 자기 자신을 칭찬하면 스스로의 가치를 높이 평가하게 되어
정말로 그러한 사람으로 변화한다.

☑ 겉으로 드러나는 차림새를 정돈하거나 긍정적인 자세를
흉내 내기만 해도 자존감이 높아진다.

제6장 　　　감정

047 쓸데없는 불안을 두려워하지 마라

핵심 한마디 | 불안은 생리 현상이다

세로토닌 분비가 감소하면 불안해진다

뇌 내 물질 세로토닌의 분비량이 줄어들면 불안감이 엄습합니다. 다른 사람과의 연결고리가 끊어지거나 누구와도 본심을 터놓지 못하는 고독한 환경에 처하면 긴장과 불안을 느끼기 쉽습니다. 마음이 불안으로 가득 차면 생활 습관은 물론 인간관계까지 엉망이 되고 말지요. **우리가 불안을 두려워하는 이유는 작은 불안이 계속해서 더 큰 불안을 가져오기 때문입니다.**

불안감을 떼어놓아야 한다

불안이라는 감정은 대처하기 어렵고 눈에 보이는 결과를 바로 얻을 수 없는 상황에서 생기기도 합니다. 하지만 '일자리를 잃으면 어쩌지?' '이 사람이 바람을 피우면 어떡해!' 하며 불안에 떨어봐야 당장 상황이 나아지지도, 원하는 대로 타인을 조종할 수도 없습니다. **이러한 상황에서는 불안을 만들어내는 일을 뒤로 미뤄야 합니다. '불안하지만 오늘은 얼른 자고 내일 생각하자'라는 마음으로 불안을 떼어내는 것이지요.** 환경 변화에 무너지지 않는 건강한 몸과 마음을 만들면 자연스럽게 좋은 방법이 떠오를지도 모릅니다.

불안은 호르몬 분비와 관련된 생리 현상일 뿐이다

불안은 인간이 장기적인 시각으로 미래를 생각하고 행동할 수 있게 해줍니다. 굳이 불안을 특별하게 여기거나 두려워할 필요가 없지요. 반복해서 강조하지만, 불안을 느끼는 이유는 세로토닌이 줄어들었기 때문입니다. 실제로 배가 고플 때나, 여성의 경우는 월경 전에 세로토닌의 분비가 감소합니다. 불안을 생리 현상 정도로 인식하기만 해도 조금 더 이성적인 대처가 가능하지 않을까요?

● **불안감이 생기는 악순환**

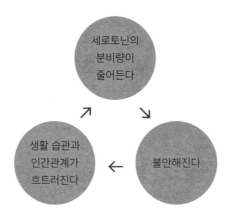

불안이 두려운 이유는 더 큰 불안을 불러일으키는 상황을 초래하기 때문이다. 이러한 상황을 피하려면 불안한 일을 일단 뒤로 미뤄두고 자신에게서 불안을 떼어놓아야 한다.

048 뇌에는 불안에 사로잡히지 않게 하는 기관이 갖춰져 있다

능력이 낮은 사람일수록 자신을 과대평가한다

예전에 미국에서 매우 흥미로운 실험이 진행된 적이 있습니다. 피험자들에게 유머 감각을 측정하는 테스트를 시행하고 유머 감각이 낮다고 판정된 사람들에게 결과를 감춘 채 "자신이 어느 정도 수준이라고 생각하세요?"라고 물었습니다. **그러자 대부분이 "저는 평균보다 높다고 생각하는데요"라고 대답했습니다.** 이 결과로 능력(여기서는 유머 감각)이 낮은 사람일수록 자신을 과대평가하는 경향이 있다는 사실이 드러났습니다.

자신을 정확히 들여다보면 살아가기 힘들다

사람들은 끊임없이 고민을 합니다. 필요 이상으로 많은 고민을 하며 괴로워하는 사람도 있지요. '나는 능력이 없어'라는 생각으로 결과를 마주하면 모든 일에 두려움을 느낄 수밖에 없습니다. 뇌에는 원래 지나치게 고민하거나 불안함에 사로잡히지 않도록 '인지 편향cognitive bias'을 일으키는 기관이 있습니다. **인지 편향이란 소망이나 신념을 뒷받침하는 정보를 중시하고 평가하는 것을 말합니다.**

쉽게 말하면 자기 자신을 정확히 바라보지 못하게 하는 것이지요. 인지 편향 덕분에 사람은 여러 가지 괴로운 일을 겪으면서도 스스로를 속임으로써 불안을 해소하고 더욱 편한 마음으로 살아갈 수 있습니다.

40대가 되면 불안한 감정이 점점 가라앉는다

물론 개인차는 있지만, 40대 무렵이 되면 불안한 감정이 점점 누그러집니다. 젊을 때는 도파민이 활발하게 분비되므로 불안함이 증폭되기 쉽습니다. **하지만 일정한 시점을 지나면 도파민의 분비가 완화되면서 뇌가 생리적인 안정을 찾아갑니다.** 지금 강한 불안감을 느껴 고민이라면, '언젠가는 안정될 거야' 하며 마음 편하게 생각하세요. 인생에서 나답게 살기 쉬워지는 때가 반드시 찾아옵니다.

● **'인지 편향'에 따라 고민과 불안이 완화된다**

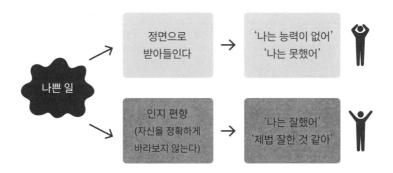

뇌에는 원래 자신을 과대평가하는 등 고민과 불안에 지나치게 사로잡히지 않도록 '인지 편향'을 일으키는 기관이 있다. 좋지 않은 결과를 정면으로 받아들이면 필요 이상의 괴로움을 느낄 뿐이다.

049

불안할 때는
뇌를 속여보라

우리는 뇌를 속일 수 있다

이미 불안감에 사로잡힌 상황이라면 어떻게 해야 할까요? **먼저 '괜찮아지겠지' '분명 괜찮을 거야' '오히려 잘됐어!'라고 생각하며 마음을 가라앉히세요.** 그리고 생각에 잘 속아 넘어가는 뇌의 특성을 이용해보세요. 이 특성을 잘 이용하면 자신에게 유리한 방향으로 뇌를 조종할 수 있습니다. 물론 너무 터무니없거나 스스로도 믿기 어려운 일은 불가능하겠지만, 어느 정도 근거가 있는 생각이라면 누구나 뇌를 속일 수 있습니다.

스스로에게 라벨을 붙여라

앞서 소개한 라벨링을 적용해볼 수도 있습니다. 라벨링이란 상대에게 라벨을 붙여 행동의 변화를 일으킨다는 이론으로, 쉽게 말해 생각이 행동을 만든다는 것입니다. 실제 타인이 아닌 자신에게 라벨을 붙임으로써 스스로를 조종할 수 있습니다. 원하는 라벨을 붙여 마음을 안정시키면 본래의 능력을 발휘할 수 있는 상태로 조금씩 나아갈 수 있습니다.

하지 않아도 되는 일은 지워버리자

사람이 불안과 스트레스를 느끼면 하지 않아도 되는 일에 매달려 자신을 몰아붙이기도 합니다. 무언가 내키지 않는 일을 하고 있다면 잠시 멈춰보세요. 그리고 해야 할 일을 적은 후 하지 않아도 되는 일을 하나씩 지워보세요. 마지막에 남은 일이 바로 당신이 '진짜' 해야 할 일입니다. 전체적인 일의 양이 줄어들면 하기 싫은 일도 조금은 침착하게 할 수 있겠지요.

● **뇌를 속임으로써 고민과 불안을 완화한다**

뇌의 잘 속는 특성을 이용하면 자신에게 좋은 방향으로 뇌를 세뇌시킬 수 있다. 불안감을 느낄 때는 '분명 잘될 거야' 하고 스스로를 속여보자. 그러면 정말 잘될 가능성이 커진다.

050 뇌는 환경 변화에 대응해 빠르게 생존 전략을 바꾼다

핵심 한마디 | 뇌는 불완전하다

불안은 아직 알지 못하는 상황에 대응하려는 뇌의 신호다

'정말 이대로 괜찮은 걸까?' '이 상태로는 살아가기 어렵지 않을까?'와 같은 고민과 불안감은 아직 알지 못하는 상황에 대응하려는 뇌의 신호입니다. 뇌가 다른 장기에 비해 불완전해 일어나는 현상인데요. 만약 뼈나 근육, 소화기, 순환기 등이 외부 환경에 따라 변한다면 사람은 살 수 없을 것입니다. **하지만 뇌는 환경 변화에 재빠르게 대응해 생존 전략을 바꿀 수 있습니다.**

사람은 환경 변화에 반드시 적응한다

직장에서 갑자기 리더가 되면 모든 것이 어색하고 적응하기 쉽지 않을 것입니다. 처음에는 모르는 게 너무 많기 때문이지요. 하지만 반 년만 지나면 조금씩 리더십을 발휘하며 능숙하게 리더 역할을 소화해낼 수 있습니다. 당신의 주변에도 이렇게 내면과 겉모습이 믿음직스럽게 변해가는 사람이 있지 않나요?

코로나19 팬데믹 때문에 갑작스럽게 직업을 잃거나 생활 환경이 바뀐 사람이 있을 것입니다. 이러한 환경 변화에 대응할 수 있

있는 이유는 뇌가 재빠르게 생존 전략을 바꿀 수 있는 능력을 갖추고 있기 때문입니다. 물론 개인차는 있겠지만요. **이는 위기를 변화의 기회로 인식해 자신을 바꿀 수 있다는 의미이기도 합니다.**

● 뇌는 재빠르게 생존 전략을 바꿀 수 있다

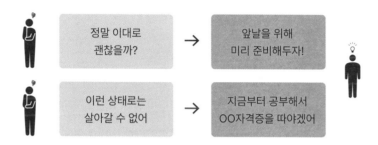

'**불안**'은 아직 알지 못하는 상황에 대응해 변화하려 할 때 나타나는 뇌의 신호다. 위기를 절호의 기회로 인식하면 스스로를 바꿀 수 있다.

누군가와 비교하지 않으면 뇌는 행복을 느끼기 어렵다

051

핵심 한마디 | 타인과 비교하는 것은 뇌의 본래 성질이다

우리는 왜 타인을 보면 심란해지는가?

우리는 종종 '타인이 아닌 과거의 자신과 비교하라'와 같은 조언을 듣습니다. 이 조언이 꼭 틀린 말은 아닙니다. 성격이나 성장 환경, 현재 상황 등을 타인과 비교하는 건 별 의미가 없기 때문이지요. 하지만 타인이 아닌 과거의 자신을 비교 대상으로 삼을 수 있는 사람이 얼마나 있을까요? 누구나 이 조언을 쉽게 따를 수 있었다면 타인과 비교하며 심란해하는 사람은 금방 없어졌겠지요.

원래 과거의 자신과 비교하는 것은 매우 어렵다

인간은 과거의 일을 계속 기억하며 살 수 없습니다. 인상적인 사건이었다면 모르지만 '3년 전의 나'와 같이 애매한 옛 시절을 정확하게 기억해낼 수 있는 사람은 거의 없을 테지요. **이렇게 기억도 나지 않는 과거의 자신과 현재의 자신을 비교해 무언가를 실행에 옮긴다는 건 너무 어려운 일 아닐까요?**

타인과 비교하는 것은 성격의 문제가 아니다

타인이 성공해 혜택을 누리는 것을 보고 심란해지거나 타인의 실패에 내심 기뻐하는 이유는 우리의 뇌에 무언가와 비교하지 않으면 행복을 잘 느끼지 못하는 특성이 있기 때문입니다. 확고한 기준을 세워 자신만의 삶을 살아간다고 믿는 사람들조차 어딘가에서는 타인과 자신을 비교하고 있을지도 모르지요. **우리의 뇌는 타인과 비교하는 일을 우선시하도록 만들어져 있습니다.** 안타까운 사실이긴 하지만, 이를 뒤집어보면 타인과 비교하는 행동이 나쁜 성격이나 나약한 마음 탓이 아님을 알 수 있습니다. 타인과 비교하다가 부정적인 감정이 들어도 자책할 필요는 없다는 말이지요.

뇌에는 누군가와 비교하지 않으면 행복을 느끼기 어려운 특성이 있다. 타인이 성공해 잘되는 모습을 보고 불편한 감정을 느끼거나 타인의 실패를 내심 기뻐하는 까닭은 우리의 뇌가 원래 갖고 있는 특성 때문이라고 할 수 있다.

052

시기심은
인간적인 감정이다

핵심 한마디 | **질투심과 시기심은 전혀 다르다**

질투심은 상대에게 빼앗기고 싶지 않은 감정이다

질투심과 시기심이라는 부정적인 감정이 있습니다. 우리는 이 두 가지를 동일한 감정으로 여기기 쉽지만, 심리학에서는 이 둘을 다른 감정으로 간주합니다. **간단히 설명하자면, 질투심은 원래 자신에게 있는 무언가를 누군가에게 빼앗길까 두려워하거나 불안해하는 감정을 말합니다.** 이는 인간뿐만 아니라 다른 포유류에게도 있는 감정으로, '외부의 적에게 자신의 영역을 빼앗기는 게 아닐까?'라는 본능적인 두려움에 가깝습니다.

시기심은 상대를 끌어내리고 싶은 마음이다

반면에 시기심은 자신과 비슷해 보이는 타인이 자신보다 좋은 것을 갖고 있을 때, 또는 멋지게 성공하거나 이득을 얻었을 때 상대를 끌어내리고 싶어지는 감정을 뜻합니다. 사회성을 지닌 인간(영장류)만이 느끼는 감정으로, 주로 자신보다 높은 지위에 있는 사람에게 이런 감정이 생깁니다.

인간에게는 타인의 불행을 기뻐하는 마음이 있다

인터넷에서 자주 보이는 악성 댓글은 기본적으로 시기심이 표출되어 있다고 볼 수 있습니다. '왜 이 사람이 잘나가는 거지?' '별로 잘난 것도 없는데' 등 어지러운 마음을 댓글로 드러내는 것이지요. 실제 자신의 영역을 침범당한 것도 아닌데 단지 시기심으로 비난하는 경우가 많습니다. 그래서 직접 손쓰지 않았는데도 상대에게 괴로운 일이나 슬픈 일, 또는 실패가 닥쳐오면 뭐라 말할 수 없는 기쁨이 솟아납니다. **이렇게 타인의 불행을 기뻐하는 마음을 전문용어로는 '샤덴프로이데**schadenfreude**'라고 합니다.** 흔히들 '남의 불행은 나의 행복'이라고 말하는 감정을 말하지요.

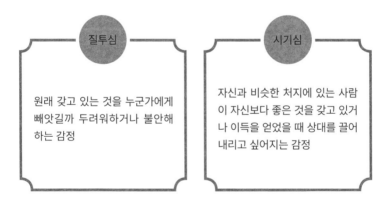

질투심

원래 갖고 있는 것을 누군가에게 빼앗길까 두려워하거나 불안해하는 감정

시기심

자신과 비슷한 처지에 있는 사람이 자신보다 좋은 것을 갖고 있거나 이득을 얻었을 때 상대를 끌어내리고 싶어지는 감정

인터넷에서 주로 보이는 비난과 악성 댓글은 시기심이 표출된 것으로 볼 수 있다. 이렇게 남의 불행을 기뻐하는 감정을 전문용어로 '샤덴프로이데'라고 한다.

053 타인의 시기로부터 자신을 보호해야 한다

핵심 한마디 | **가까운 사람일수록 조심하라**

거리 두기로 자신을 지킨다

타인의 시기심은 무척 골치 아픈 감정입니다. 시기를 많이 받는 사람일수록 자신이 시기를 받고 있다는 사실을 좀처럼 깨닫지 못하지요. 그들은 타인을 잘 시기하지도 않습니다. 우리는 누군가가 자신을 시기할 수 있다는 사실을 항상 염두에 둬야 합니다. 더불어 타인의 과한 시기심으로부터 스스로를 지킬 수 있는 방법을 준비해야 합니다. 타인의 시기를 완전히 막을 수는 없지만 효과적인 방법은 있습니다. **가장 쉬운 방법은 바로 상대와 거리를 두는 것입니다.** 멋대로 비교하고 시샘하는 일은 대부분 관계가 가깝다는 이유로 일어나기 때문이지요.

자신의 단점을 일부러 내보여라

두 번째는 자신의 단점을 일부러 보여주는 방법입니다. 당신을 시기하는 상대는 당신의 좋은 면이나 두드러진 성과만 보고 있을지도 모릅니다. **그러니 "실수도 꽤 많이 하는 걸요" "실은 이런 단점도 있답니다"라고 말하며 자신의 결점을 확실히 보여주세요.** 그

러면 상대는 '나랑 비슷한 면도 있구나' 하고 안심하며 시샘을 멈출
수도 있습니다.

분명한 차이를 알려주는 것도 하나의 묘수다

세 번째는 '당신과 나는 이렇게 차이가 난다'라는 사실을 분명
히 알려주는 방법입니다. 앞에서 설명했듯이, 사람은 자신과 가깝
다고 생각하거나 성향과 입장이 비슷하다고 느껴지는 상대에게 더
욱더 쉽게 시기심을 품습니다. **만약 상대보다 확실하게 뛰어난 면
이 있다면, 그 점을 분명하게 인식시키는 것도 하나의 방법이 될 수
있습니다.** 단, 자칫 잘못 말하면 오히려 분노나 원망을 살 수도 있
으므로 상황을 잘 살피면서 시도하기를 권합니다.

● **타인의 시기심을 멈추게 하는 효과적인 방법 세 가지**

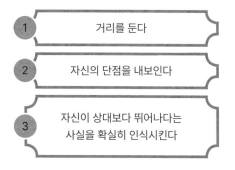

1	거리를 둔다
2	자신의 단점을 내보인다
3	자신이 상대보다 뛰어나다는 사실을 확실히 인식시킨다

**시기를 많이 받는 사람일수록 자신이 시기를 받고 있다는 사실을 잘 알아차리지
못한다. 그러니 평소에 누군가가 자신을 시기하고 있을지도 모른다는 사실을 의
식하며 과한 시기심으로부터 스스로를 지킬 방법을 생각해두자.**

협조성은
하나의 생존 전략이다

054

일본인은 정말로 예의가 바를까?

일본의 해외 방문객들은 "일본인은 예의가 바르다" "일본인은 모두 친절하다" 같은 칭찬을 많이 합니다. 일본인에게서 그런 성향을 볼 수 있는 것은 맞습니다. 하지만 칭찬을 곧이곧대로 받아들이며 기뻐하기에는 조금 섣부른 느낌도 듭니다. **일본인의 행동들은 단지 생존 전략일지도 모릅니다. 일본에서 예의 바르고 친절하게 행동하지 않으면 살아가기 힘들기 때문이지요.**

일본인이 친절한 데는 이유가 있다

산과 숲이 많고 땅이 좁은 섬나라 일본은 예로부터 주거 장소가 한정적이었습니다. 그래서 주위의 비판과 공격을 받게 되면 살아가는 것이 무척 힘들어졌지요. 일본인이 타인에게 친절한 이유는 자신이 위기에 빠졌을 때 모두에게 버림받을 수 있다는 생각 때문일지도 모릅니다. 타인에게 무례하게 행동하면 불이익을 얻을 것이 뻔하니까요.

일본인은 타인을 방해하는 성향이 강하다

오사카대학교 사회경제연구소에서 흥미로운 실험이 진행되었습니다. **피험자에게 자신의 행동에 따라 이익이 좌우되는 게임을 시키자, 손해를 보더라도 타인이 이익을 얻는 것을 방해하는 행동이 특징적으로 나타났습니다.** 쉽게 말해, 누군가가 주위 사람들을 따돌리고 큰 이익을 얻는 것은 모두(사회)에게 손해가 되므로 어떻게든 그를 방해하는 행동을 하는 것이지요. 일본인은 협조성이 높다는 칭찬을 많이 받지만, 이면에는 아주 고약한 속내가 자리 잡고 있는지도 모릅니다.

● **일본인의 협조성은 생존 전략의 하나**

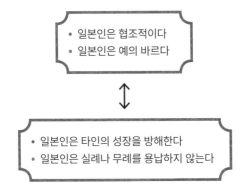

- 일본인은 협조적이다
- 일본인은 예의 바르다

↕

- 일본인은 타인의 성장을 방해한다
- 일본인은 실례나 무례를 용납하지 않는다

"일본인은 예의가 바르다" "일본인은 친절하다" 같은 말을 자주 듣지만, 일본인이 그렇게 행동하는 이유는 사실 그렇게 하지 않고는 살아가기 힘든 사회이기 때문이라고 할 수 있다.

055 협조성은 집단 압력으로 작용한다

모난 돌이 정 맞는 사회

친절함, 예의 바름, 협조성 같은 성격은 주변으로부터 괴롭힘이나 못된 행동을 당하지 않기 위해 발달한 것으로, 집단 압력에 그 원인이 있을지도 모릅니다. **집단 속에서 혼자만 몰래 이득을 취하는 사람을 용납하지 않고, 모두가 협조적으로 행동함으로써 타인에게 방해받지 않는 사회를 만들어가는 것이지요.** 쉽게 말해 '모난 돌이 정 맞는' 사회를 만드는 것입니다.

그 누구도 이득을 얻어선 안 된다

앞서 소개한 실험 속 게임은 아주 흥미롭게 전개되었습니다. 게임이 거듭될수록 피험자들은 점차 협조적으로 변해갔는데요. 이들의 행동이 변한 이유는 괴롭힘에 대한 두려움과 불안을 느꼈기 때문입니다. 주변 사람들을 제치고 혼자만 앞서가려고 하면 괴롭힘을 당할 가능성이 커지기 마련이니까요. **이처럼 사회적 제재를 두려워하면서도 '내가 이득을 보는 일이 아니니까 다른 사람도 이득을 얻어서는 안 된다'라는 생각은 집단 압력이 작용한 결과일지**

도 모릅니다.

일본인은 짓궂은 행동으로 사회를 지켜왔다

일본인이 이러한 특성을 보이는 이유는 세로토닌의 작용 같은 유전적 요소 때문입니다. 일본인이 속내를 감추는 이유가 꼭 본래 성격이 나빠서는 아니지요. 오히려 그렇게 행동하지 않으면 우리가 살아가는 환경을 지키면서 함께 살아남을 수 없기 때문일지도 모릅니다.

일본인은 주위로부터 괴롭힘을 당하지 않으려고 예의, 협조성, 친절 등의 특성을 더욱 강하게 습관화했으며 그러한 습성이 집단 압력으로 작용하기도 한다.

056

타인을 깎아내리는
사람에게서 당장 떨어져라

핵심 한마디 | 짓궂은 사람에게 착취당하지 마라

다른 사람의 성공을 축복하지 못하는 사람들이 있다

앞서 질투와 시기를 설명했듯이, 의외로 남의 성공이나 좋은 일을 순순히 축복하지 못하는 사람이 많습니다. '뭔가 수상해' '주변 사람 생각은 안 하고 제멋대로군' 하며 성공한 사람을 깎아내리기도 하지요. **만약 당신이 남의 성공을 축복하지 못하는 사람이 많은 환경에 있다면 당장 빠져나와야 합니다.** 그런 곳에서는 당신도 언젠가 방해를 받을 수 있을 테니까요.

일의 결과와 인간성은 전혀 상관없다

일이 잘 풀리고 성공하는 사람의 성격이 나쁘든, 그의 사생활이 엉망이든, 일의 결과와는 아무런 관계가 없습니다. 다시 말해, 일을 잘하는 것과 인품은 전혀 상관이 없지요. 그러나 일본인 특유의 짓궂은 행동 때문인지, 일본인은 잘나가는 사람들을 공격하고 비난하는 경향이 있습니다. 물론 범죄 행위를 용납해서는 안 되겠지만, 다른 사람의 개인적인 행위조차 용납하지 않는 사회라면 너무 숨이 막히지 않을까요?

"요즘 젊은 애들은…"이란 말은 조심하자

오늘날에는 권력형 갑질이나 정신적 폭력도 문제가 되고 있습니다. 외부에서 잘 보이지 않는 데다, 경우에 따라서는 칭찬까지 받고 있는 일본인 특유의 업무관, 불합리한 윤리관 강요는 짓궂은 행동의 전형적인 예라고 볼 수 있습니다. **직장에서 자주 듣는 "요즘 젊은 사람들은 말이야"라는 말도 자신의 가치관을 강요하는 전형적인 태도입니다.** 이런 말들이 자주 들리는 곳이라면 한시라도 빨리 떠나라고 말하고 싶군요.

● **일본인 특유의 악한 행동**

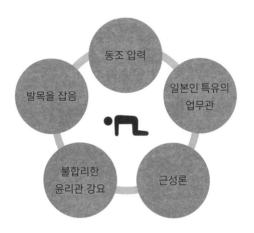

짓궂은 행동으로 사회를 유지해온 일본인은 이러한 행동 때문에 숨이 막히는 경우도 많다.

뇌가 작동할 수 있는 여유를 만들어라

057

핵심 한마디 | 고민하기 전에 생활을 바로잡아라

뇌에 여유가 있어야 생각할 수 있다

어떤 고민을 시작하기 전에 평소 생활 습관이나 주거 환경이 차분히 정돈되어 있는지 확인해보세요. **뇌과학의 관점에서 생각은 전전두피질을 작동시키는 일과 크게 다름없고, 일상생활을 반듯하게 정돈해야 비로소 뇌에 생각할 여유가 생깁니다.** 뇌에 여유가 있어야 자신의 힘으로 고민에 적절히 대처할 수 있지요.

쓸데없는 일에 뇌의 에너지를 사용하지 않는다

전전두피질을 작동시키려면 뇌의 다른 영역에 에너지를 쓰지 말아야 합니다. 다른 영역에 에너지를 쓰면 식생활이 불규칙해지거나 체력이 떨어질 수 있습니다. 스트레스가 가득 쌓이거나 수면 부족에 시달리거나 시간에 쫓길 수도 있고요. 이는 뇌 속 사고의 자원인 '여유'를 부족하게 만듭니다. 결과적으로 자신의 뇌로 생각하는 것이 불가능해지고, 타인의 언행에 휘둘려 문제에 적절히 대처하지 못하게 됩니다. 불필요한 고민도 늘어날 수 있지요.

스스로 생각하고 결정해서 행동하는 훈련을 하라

스트레스가 잘 쌓이지 않는 규칙적인 생활 환경을 만들 때 알아야 할 중요 사항이 있습니다. **바로 매일 비슷한 나날을 보내면 변화(스트레스)가 줄어들어 뇌가 똑같이 쇠퇴한다는 것입니다.** 따라서 뇌가 쇠퇴하지 않도록 사소한 일이라도 좋으니 지속적으로 자극을 주어 전전두피질을 기능하게 하는 여유를 만들어야 합니다.

조용하고 쾌적한 것을 선호한다고 해도 너무 자극이 없는 생활만 하는 것은 오히려 위험합니다. **적극적으로 정보를 모아 본인의 머리로 생각해 판단하고, 결론을 내려 행동할 수 있도록 연습해보세요.** 이런 행동이 조금씩 습관화 되면 쓸데없는 고민은 하지 않는 체질로 변할 것입니다.

고민에 적절히 대처하려면 자신의 힘으로 직접 생각해야 한다. 이를 위해서는 생활 습관을 바로잡고 우선 뇌로 생각할 '여유'를 만들어야 한다.

058 대부분의 걱정은 오히려 좋은 일로 이어진다

핵심 한마디 | 일본인은 불안 성향이 높다

고민은 인간이 생존하는 데 필요한 특수한 능력이다

우리는 현재 일어나고 있는 일만 고민하는 것이 아닙니다. 앞을 알 수 없는 미래를 비관하며 고민할 때도 있고 과거에 일어난 일을 후회하며 머리를 싸맬 때도 있으니까요. **고민하는 행위는 인간이 생존하기 위해 고도로 발달시킨 특수한 능력입니다.** 알 수 없는 미래를 위해 여러 가지 준비를 해두는 것은 좋습니다. 하지만 이를 지나치게 고민하는 것은 그다지 효과적인 대처법이 아닙니다.

걱정거리의 80% 이상은 좋은 결과로 이어진다

흥미로운 실험 하나를 소개하겠습니다. 미국 오하이오주에 있는 신시내티대학교에서 매일같이 불안감에 휩싸여 지내는 사람들을 대상으로 2주 동안 추적 조사를 실시했습니다. 조사 결과, 걱정했던 일의 85%가 오히려 좋은 결과로 이어졌다고 합니다. 물론 일본인은 불안을 잘 느끼기 때문에 이 결과를 일괄적으로 적용시킬수는 없습니다. **다만 좋은 결과가 나왔다고 할 수 없는 나머지 15%의 사람들도 그중 80%는 '처음에 생각했던 것보다는 좋은 결과였**

다'라는 대답이 나왔다고 합니다.

우리는 아직 보이지 않는 불안을 나쁘게 생각하는 경향이 있다

우리의 뇌는 아직 보이지 않는 불안을 필요 이상으로 나쁘게 생각하는 경향이 있습니다. 고민에 명확한 이유가 있으면 바로 구체적으로 대처할 수 있지만, 그 이상의 미래에 대해서는 지금 아무리 고민해봐도 소용이 없습니다. 미래에 대한 고민에 너무 깊이 빠지는 사람에게 꼭 알려주고 싶은 사실이 하나 있습니다. **당신은 지금 막연히 느껴지는 이유 없는 불안을 지나치게 부정적으로 생각하고 있을지도 모릅니다.**

● 세콤 주식회사 제10회 '일본인의 불안감에 관한 의식 조사'

	느끼고 있다	느끼는 편이다	별로 느끼지 못한다	느끼지 못한다	불안을 느낀다 (합계)
전체	28.4%	43.4%	23.0%	5.2%	71.8%
남성	24.0%	47.2%	22.8%	6.0%	71.2%
여성	32.8%	39.6%	23.2%	4.4%	72.4%

※ 불안을 느낀다 = '느끼고 있다' + '느끼는 편이다'
※ 조사 기간 : 2021년 10월 22일~23일
※ 대상 : 전국 남녀 500명 (20~29세, 30~39세, 40~49세, 50~59세, 60세 이상 / 남녀 각 50명)

'불안을 느낀다'라는 대답이 남녀 모두 70%가 넘는다. 이를 보면, 일본인은 불안감을 잘 느끼는 경향이 있다고 할 수 있다.

감정의 뇌 활용법

☑ 불안은 생리 현상일 뿐이다. 두려워하지 말고 불안을 떼어내라.

☑ 불안감을 느낄 때는 '괜찮을 거야!' 하고 자신의 뇌를 속여라.

☑ 타인을 보고 심란해지는 이유는
원래 뇌에 타인과 비교하는 특성이 있기 때문이다.

☑ 질투심은 상대에게 빼앗기고 싶지 않은 마음이고
시기심은 상대를 끌어내리고 싶어 하는 감정이다.

☑ 일본인은 뛰어난 사람을 제재하고 타인을 방해하려는 성향이 강하다.

제7장   노력

059

노력을 못한다고
자기혐오에 빠질 필요는 없다

핵심 한마디 | 노력하지 않는 것도 재능이다

쓸데없는 노력을 하지 않는 것이 중요하다

많은 사람이 '노력하는 것'을 무조건 긍정적으로 생각하지만, 실제로는 '쓸데없는 노력은 하지 않는' 것이 더 중요합니다. 인생은 유한하기 때문에 아무리 효율적인 방법을 사용해도 그 노력이 결과로 이어지지 않으면 아무런 의미가 없습니다.

노력할 수 있느냐 없느냐는 이미 결정되어 있다

노력할 수 있느냐 없느냐는 단순히 뇌 구조의 차이에서 비롯되므로, 노력하는 것이 힘들다는 이유로 자기혐오에 빠질 필요는 없습니다. 미국 테네시주 밴더빌트대학교에서 실시한 연구에서 피험자에게 단조로운 작업을 과제로 내주고 관찰했습니다. 그 결과 끝까지 해낸 사람과 도중에 포기한 사람 사이에는 뇌의 특정 부분에 기능의 차이가 있다는 사실이 밝혀졌습니다.

끝까지 해내는 사람의 뇌에서 활발하게 작용한 부분은 '선조체 striatum(뇌 기저핵basal ganglia의 한 영역으로 대뇌피질 및 시상과의 신경망 연결을 통해 자발적인 움직임의 선택과 시작에 중요한 역할을 한다—옮긴이)'

와 '복내측부腹內側部'로, 이들은 '~하면 ~을 얻을 수 있다'라는 보상을 느끼게 하는 기능을 향상시킵니다. 노력하는 데 필요한 동기를 부여하는 것이지요.

반면에 도중에 포기하는 사람은 대뇌섬 피질insular cortex(전두엽과 측두엽의 하층 부위에 존재하는 대뇌피질 부위─옮긴이)이라고 불리는 부분이 작용합니다. 이 부분은 손실과 이득을 냉정하게 계산하는 기능을 하며, '이런 단조로운 작업은 쓸데없는 짓이야'라고 판단하고는 노력에 제동을 겁니다.

귀찮다는 감정을 소중히 여기자

한마디로 정리하자면, 단조로운 작업에 쏟는 노력을 보상과 쾌감으로 바꾸는 사람이 있다면 이를 손해와 이득으로 인식하는 사람도 있다는 것입니다. 그러니까 노력하는 것이 어려운 사람은 '**나는 뭘 해도 오래 하지 못해**'라고 자신을 부정하지 말고, **타고난 성향을 긍정적으로 받아들여보세요**. 한정된 시간을 낭비하지 않기 위해서도 매우 중요한 태도랍니다.

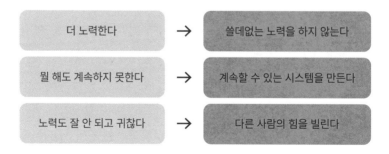

노력하는 것이 힘든 사람은 오히려 노력하지 못하는 점을 하나의 재능으로 인식해보자. 타고난 재능을 긍정하고 자기 나름대로의 행동 방식을 갖추면 된다.

보상을 이용해
노력하는 습관을 들여라

핵심 한마디 | **얻을 수 있는 성과를 구체적으로 설정하라**

노력하지 못하기에 골몰히 고민하고 궁리한다

앞에서 언급한 대뇌섬 피질 기능이 활발한 사람은 어떤 일을 해도 얼마 못 가 싫증을 내기 쉽습니다. 눈앞에 놓인 작업에 무리하게 매진하기보다는, 더 효율적인 작업 방식을 궁리하기 시작합니다. 매사를 넓게 보고 효율적인 방법을 강구하거나 우수한 사람들을 모아 팀을 인솔하는 식이지요. **금세 싫증을 내는 성격이기에, 결과적으로는 독창적인 발상을 이끌어낼 가능성이 높습니다.**

노력하는 것을 힘들어하는 사람이 작업을 끝까지 해내려면?

손실과 이득을 냉정하게 판단하는 대뇌섬 피질의 기능을 잘 활용하면 이른바 '노력파'인 사람은 도저히 따라잡을 수 없는 큰 성과를 낼 수도 있습니다. 다만 인생에는 꾸준한 노력을 지속해야만 하는 상황도 있습니다. 공부든 일이든, 스포츠든 예술 활동이든 지속적인 훈련이 필요한 일은 수없이 많지요. 노력하는 것이 서툴고 힘들 때, 주어진 일을 끝까지 해내려면 어떻게 해야 할까요?

게임처럼 즐길 수 있는 구조를 만든다

이 질문에 답하자면, 귀찮다고 느끼는 대뇌섬 피질에 보상을 주면 됩니다. 대뇌섬 피질의 작용이 뛰어난 사람은 보상을 기대하지 않는 성향이므로 달성할 수 있는 성과를 가능한 한 구체적으로 설정해야 합니다. **성과를 달성한 후의 자신의 모습을 구체적인 이미지로 떠올린다거나, 게임과 같은 구조를 만들어 계속 즐길 수 있게 하는 방법도 매우 효과적입니다.** 이러한 방법으로 대뇌섬 피질이 노력에 거는 제동을 약화시킬 수 있지요.

> 오늘 해야 할 분량을 다 마치면 달콤한 디저트를 먹어야지!

대뇌섬 피질의 기능이 활발한 사람은 애초에 보상을 의식하기 어렵다. 그래서 미리 구체적인 포상이나 대가를 정해두면 어떤 일이든 지속하기 쉬워진다.

게임처럼 하면
즐기면서 계속할 수 있다

061

노력 과정을 기록하면 일이든 공부든 수월해진다

점수를 매겨 경쟁하는 게임을 하듯이 일을 하면 노력을 지속하기 쉽다고 설명했습니다. **자신의 발전 과정을 언제든지 파악할 수 있는 형태로 기록해두면, 훨씬 수월하게 일에 집중할 수 있기 때문이지요.** 레코딩 다이어트recording diet라는 방법처럼 다이어트라면 체중의 증감을, 공부라면 공부량(예컨대 문제집 페이지 수)을 기록해보세요. 자신이 성장하는 모습을 직접 확인할 수 있기 때문에 즐거운 마음으로 모든 일에 매진할 것입니다.

되돌아봄으로써 새로운 의욕을 불러일으켜라

기대에 못 미치는 결과가 나왔을 때, 과거에 적어둔 노력에 관한 기록을 보면 '이 부분이 약할지도 모르겠네' '잘한 부분도 있으니까 너무 낙담하지 말자' 하며 냉정하게 스스로를 되돌아볼 수 있습니다. 행동을 돌이켜보는 이유는 반성하기 위해서만이 아닙니다. 그보다는 새로운 자신의 모습을 발견하기 위한 에너지를 얻는 데 중요한 목적이 있지요. 개인마다 차이는 있겠지만, 자신을 돌아보는 데 충분한 시간을 들이다 보면 대부분은 원하는 목표를 달성할 수 있을 것입니다.

중간에 포기할 위험을 줄여나가자

일 자체가 잘 맞지 않거나 목표를 너무 높게 잡은 사람이라면 "아니요, 달성하지 못하는 일도 있어요"라고 말할지도 모릅니다. **하지만 무언가를 달성하지 못하는 이유의 대부분은 중간에 포기하기 때문입니다.** 좌절할지도 모르는 상황을 피하기 위해서라도 노력하는 과정을 기록하는 일은 중요합니다. 목표를 향해 흔들림 없이 나아갈 수 있도록 길잡이 역할을 해주기 때문이지요. 타고난 뇌 구조는 바꿀 수 없지만, 사고와 방법을 바꾸면 얼마든지 상황을 극복할 수 있다는 사실을 꼭 기억하면 좋겠습니다.

자신의 발전 과정을 눈에 보이는 형태로 기록하면 마치 게임을 하듯이 감각으로 즐기면서 계속 나아갈 수 있다.

062

성과를 올리는 좋은 방법은 목적, 전략, 실행이다

목적을 설정하고 전략을 세워 담담하게 실행하라

일이든 공부든 어떻게 해야 성과를 올릴 수 있느냐는 질문을 많이 받습니다. 제 대답은 아주 단순합니다. **목적을 설정하고 전략을 세워 담담하게 실행하는 것입니다.** 그러나 이 간단한 해답을 실천하는 것이 생각보다 어려울 때가 있습니다. 많은 사람이 노력과 과정을 칭찬하곤 하지만, 사실 결과가 그만큼 따라오지 않는다면 노력 자체를 높게 평가하는 것은 별 의미가 없습니다. **노력은 어떤 목적을 향해 나아가는 궤적을 가리킬 뿐, '고생하는 것'이 아니기 때문입니다.**

근성을 드러낸다고 좋은 것은 아니다

명확한 목적이 없으면 나아가야 할 방향이 모호해져 노력의 결실을 맺지 못할 가능성이 커집니다. 또한 목적을 달성하기 위한 전략이 없으면 무턱대고 헛된 노력을 하겠지요. 예를 들어, 영어 원서를 읽고 싶은 사람이 영어 회화 학원에 다닌다면 전략의 방향을 잘못 잡은 것입니다. 실행에서 근성을 드러낸다고 무조건 좋은 것은 아니지요. 올바른 전략을 세운 후 담담하게 해야 할 일을 하나씩 처리해나가야 합니다.

가까운 목표가 당신을 이끌어준다

이미지로 떠올리기 쉬운 가까운 목표를 세우는 것이 핵심입니다. 입시 성공이나 자격증 취득이 최종 목적지라면 점수를 차근차근 올리는 것이 목표가 될 수 있고, 다이어트 성공이 최종 목적지라면 매일 몸무게를 기록하겠다는 목표를 세우는 것이 좋겠지요. 달성하기 쉽고 가까운 목표를 세우면 노력에 상응하는 결과가 바로 눈에 보입니다. 이는 의욕이 생기게 하고, 노력을 계속할 수 있도록 해줍니다. 뇌는 에너지를 많이 사용하는 만큼 절약하려고 하기 때문에, 당장 자신이 할 수 있는 가까운 목표를 향해 꾸준히 나아가겠다고 생각하는 것이 좋습니다.

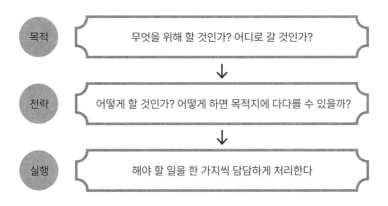

성과를 올리려면 분명한 '목적'을 설정하고 올바른 '전략'을 세워 담담하게 '실행'하는 방법이 가장 좋다.

063
잘할 수 있는 방법만 알면
모든 일을 할 수 있다

핵심 한마디 | **올바른 정보를 찾아라**

잘하지 못하는 까닭은 멘탈 블록 때문이다

특정한 일에 대한 결과만 놓고 '잘하는 사람(아이)'과 '못하는 사람(아이)'을 판단하는 경우가 있습니다. 하지만 저는 그 양자의 본질적인 능력에는 별반 차이가 없다고 생각합니다. 그렇다면 그 근소한 차이는 어디에 있을까요? 바로 '멘탈 블록^{mental block}(자신을 제한하는 부정적인 사고나 고정관념 등의 정신적 장벽 또는 심리적 차단─옮긴이)'에 있습니다. **못하는 사람(아이)은 '나는 못해'라는 부정적인 사고 때문에 능력을 효과적으로 발휘하지 못하는 것이지요.**

잘할 수 있는 방법을 찾아내라

하지만 대체로 모든 일에는 잘할 수 있는 방법이 있습니다. 그 방법을 찾는 것이 바로 못하는 일을 잘할 수 있게 하는 핵심 요소이지요. 저도 원래 수영을 못했지만 지금은 취미로 스쿠버다이빙을 하고 있습니다. 수영장에서 혼자 유튜브 수영 강습 영상을 보며 몸을 움직이는 연습을 한 결과 잘하게 되었지요. 수영을 전혀 할 줄 모르던 저도 꾸준한 연습을 통해 조금씩 요령을 깨우쳤습니다. 학교에서는 올바른 수영 방법을 가르쳐주지 않았고 때로는 "정신 바짝 차려!"라고만 다그쳤으니, 무엇을 어떻게 하면 좋을지 알지 못했던 것뿐입니다.

모두가 알아차리지 못하는 정보를 깨닫는 능력

이처럼 잘하느냐 못하느냐는 알고 있느냐 모르고 있느냐의 차이에 지나지 않는 경우가 많습니다. 그래서 알아차리지 못하는 일을 깨닫는 능력도 중요합니다. 앞의 사례에서는 스마트폰이 없던 시절에 유튜브를 활용하는 방법을 알아차린 것이 결정타였던 셈이지요. 유튜브 활용법을 깨닫지 못했다면 '일단 몇 번이고 헤엄치면 된다' '노력이 부족해서다'라고 생각하며 정신적인 부분에서 해답을 찾으려 했을 테니까요. 못하는 일을 잘하고 싶다면 **우선 정확한 정보나 방법을 찾아 효율적으로 습득해야 합니다.**

잘하고 못하고의 차이는 '멘탈 블록'에 있고, 대체로 모든 일에는 잘할 수 있는 '방법'이 있기 마련이다. 그 방법을 찾는 것이 어떤 일을 잘할 수 있도록 만드는 핵심 요소다.

064 잘하는 일에 집중하면 주위에서 인정받는다

핵심 한마디 | 자신이 잘하는 일에 집중하라

평균 정도의 완성도로는 높은 평가를 받기 어렵다

좋은 결과를 내려면 잘하는 일에 집중해야 합니다. 특히 여러 명이 함께 하는 일은 각자가 잘하는 영역에서 능력을 발휘하면 전체적으로 큰 성과를 올릴 수 있습니다. **열심히 노력하는데도 뭔가 부족하고, 주위에서 좋은 평가를 받지 못한다고 느끼는 사람은 자신이 잘 못하는 일에 매달리고 있을 가능성이 있습니다.** 못하는 일에 몰두하다 보면 잘하는 일을 갈고닦을 시간까지 잃고 맙니다. 결국은 평균 정도의 결과물밖에 얻지 못하겠지요.

못하는 일은 다른 사람에게 맡겨라

못하는 일은 다른 사람에게 맡기는 것이 좋습니다. 자신이 잘하는 일에 집중하면 그 기술의 전문가가 되어 그것만으로도 남들에게 인정받고 존경받을 수 있지요. 또한 **못하는 일을 다른 사람에게 맡기면 다른 사람이 활약할 수 있는 기회를 만들어주는 좋은 결과로도 이어집니다.**

싫어하는 일을 즐거운 일과 연결하라

업무를 하다 보면 싫어하는 일을 해야 할 때가 있습니다. 그럴 때는 싫어하는 일과 즐거운 일을 연결해보세요. 단순한 작업이 지루하다면 항목이나 페이지마다 처리 속도를 측정하면서 경쟁을 하듯 열중하는 것도 좋습니다. **일을 잘하는 사람은 어떤 일이든 평균적으로 잘하는 사람이 아니라 싫어하는 일을 조금이라도 즐겁게 하는 재능이 있는 사람입니다.** 이런 식으로 가능한 한 스트레스가 쌓이지 않도록 하면서 자신이 잘하는 일에 집중해보세요.

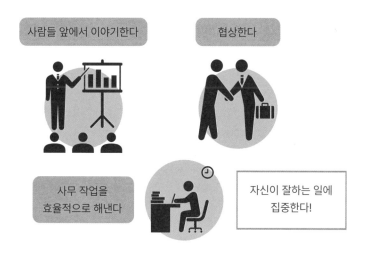

좋은 결과를 내려면 자신이 잘하는 일에 집중하라. 특히 일할 때는 각자 잘하는 영역에서 능력을 발휘하면 전체적으로 큰 성과를 올릴 수 있다.

적절한 스트레스가 없으면
의욕이 사그라든다

065

핵심 한마디 | 스트레스를 관리하라

스트레스가 쌓이는 것은 좋지 않다

어떤 일을 잘해보려고 노력하는 과정에서 불안감이나 시기심 등의 부정적인 감정을 느껴본 적이 있나요? 이러한 감정들은 스트레스의 원인이 됩니다. 스트레스는 건강과 적절한 성과를 유지하는 것을 방해하기 때문에 최대한 줄여야 하지요. 여러분이 만약 좋은 성과를 내고 싶다면 스트레스가 지나치게 쌓이지 않도록 잘 관리해야 합니다.

스트레스 덕분에 성과가 올라간다

반대로, 스트레스가 너무 없어도 문제가 생길 수 있습니다. 미국의 심리학자 로버트 여키스Robert Mearns Yerkes와 존 도슨John D. Dodson이 정립한 '여키스-도슨의 법칙'이라는 이론이 있습니다. 쥐를 이용한 실험을 통해 어떤 일정한 벌(스트레스)을 받은 쥐가 벌을 받지 않은 쥐보다 작업 효율이 높다는 사실을 명백히 밝혀냈지요. 이 실험의 쥐를 인간으로 바꿔 생각하면, 적당한 스트레스가 될 수 있을 정도의 목표와, 노력하면 지킬 수 있을 정도의 구체적인 마감 등을 설정함으로써 최대한의 능력을 이끌어낼 수 있습니다.

목표와 마감으로 적당한 스트레스를 준다

어떤 일을 해도 의욕이 솟지 않거나 기대 수준에 미치지 않는 일상생활로 고민 중이라면, 자신이 지금 적당한 스트레스를 받고 있는지 확인해보세요. 자신의 솔직한 감정을 객관적으로 바라보는 일은 의외로 어렵습니다. 감정을 알아내지 못해도 살아가는 데 별다른 지장이 없기 때문에 무심히 하루하루를 보내기도 하지요. **그럴 때 목표나 마감을 설정하면 부진한 상태에서 벗어나 앞으로 나아갈 수 있습니다.** 무리하게 의욕을 끌어내는 것보다 더 효과적인 방법이지요.

점심시간까지는 끝내자!

무리하게 의욕을 끌어내려 하지 말고 적당히 긴장할 수 있는 상황을 만들자. 목표나 마감 등을 정해 적절한 스트레스를 설정하는 것이 좋다.

066 사람은 어려운 상황을 극복할 때 성장한다

핵심 한마디 | **약간 힘든 정도가 딱 좋다**

'어떻게든 되겠지' 하는 정도의 스트레스가 적절하다

그렇다면 어느 정도의 스트레스가 적절할까요? 물론 개인차가 있기 때문에 일괄적으로 말할 수는 없겠지만, **'좀 힘들긴 해도 뭐 어떻게든 되겠지' 정도의 수준이 가장 적절합니다.** 자신이 견딜 수 있는 적당한 스트레스 수준을 알아두는 것이 좋습니다. 지나치게 노력하다 보면 심신의 건강을 해쳐 결국 번아웃 증후군(극도의 신체적·정신적 피로감으로 무기력증이나 자기혐오에 빠지는 증상—옮긴이)이 생길 수 있기 때문이지요.

적당한 스트레스는 뇌를 성장시킨다

인간의 몸은 기본적으로 안정된 상태를 유지하려고 합니다. 이러한 특성을 항상성, 즉 '호메오스타시스^{homeostasis}'라고 합니다. 가령 체온과 혈압은 말할 것도 없고, 병원균이나 바이러스가 체내에 침입하면 면역 세포가 활발히 작용해 병원균과 바이러스를 제거하기 시작합니다. **적절한 스트레스가 있으면, 뇌는 '시냅스(뉴런 상호 간의 접합 부위)'를 만들어내기 시작하지요.**

사람은 어려운 상황에 맞서 극복해나갈 때 성장합니다. 평소에 적당한 스트레스에 자신을 노출시키는 훈련을 해보세요. 그러면 무슨 일이 생겼을 때 온 힘을 끌어내 잘 대처할 수 있을 테니까요.

매일 조금씩 스트레스 수준을 높인다

스트레스 수준은 단계적으로 조금씩 높여야 합니다. 운동의 경우, 이번 주 매일 15분씩 달렸다면 다음 주에는 5분만 늘려 20분씩 달려보세요. 공부할 때도 오늘 영단어 다섯 개를 외웠다면 내일은 한 개를 늘려 여섯 개의 단어를 외워보세요. **이렇게 단계를 두면 무리하지 않고도 스트레스 수준을 높일 수 있습니다.**

적당한 스트레스는 '약간 힘들긴 해도 어떻게든 될 거야' 하는 정도가 딱 좋다. 매일 스트레스 수준을 조금씩 높여보자.

집중하려 애쓰지 말고 집중하기 쉬운 환경을 만들어라

067

핵심 한마디 | 대상회를 자극하지 않는 환경을 만든다

주의 산만한 상태가 오히려 정상이다

자신이 좋아하는 일이나 잘하는 일에 집중하는 것은 어렵지 않지만, 세상에는 무언가에 집중하는 것 자체를 힘들어하는 사람도 있습니다. 실제로 뇌에는 시각과 청각 등의 감각기관으로 모순을 찾아내 뇌에 주의를 주는 기능이 있습니다. 생명의 안전을 지키기 위해 한 가지 일에만 집중하지 못하도록 하는 것이지요. 이 기능은 대뇌의 내측면에 있는 대상회^{cingulate gyrus}라는 부분이 담당하는데, 이 대상회가 과민하게 반응하면 집중하기가 어려워집니다. 다시 말해, 주의가 산만한 상태가 오히려 정상이라고 할 수 있습니다.

대상회가 반응하기 어려운 환경을 만들자

우리가 일상생활을 하다 보면 무언가에 집중해야 할 때가 생깁니다. **이때 집중력은 열심히 노력해 몸에 익혀야 하는 능력이 아니라 뇌의 기능일 뿐입니다.** 단지 기능이기 때문에 다른 접근 방식을 사용하면 집중력을 더 잘 제어할 수 있습니다. 빠르게 집중력을 높이고 싶다면, 대상회가 반응하기 어려운 환경을 만들면 됩니다. 대상회의 과민함을 자극하지 않는 환경을 만들어 오랜 시간 집중할 수 있게 돕는 것이지요.

우선은 스마트폰의 알람 기능을 끄자

우리 주변에는 대상회를 자극해 주의를 산만하게 하는 요소들이 넘쳐나고 있습니다. 대표적인 예가 SNS나 문자 메시지를 비롯한 스마트폰의 알람 기능이지요. 가장 먼저 스마트폰의 알람 기능과 텔레비전 전원을 꺼보세요. '저녁 7시부터는 방해 금지 모드로 바꿔두기'라고 규칙을 정해 습관화해보는 건 어떨까요?

주변 사람들의 목소리, 실내 온도, 냄새, 풍경 등 집중력을 흐트러뜨리는 요소는 다양합니다. 이러한 요소로부터 방해받지 않는 환경을 만드는 일은 집중력을 높이는 데 매우 중요합니다.

● **대상회가 과민하게 반응하면 집중하기 어렵다**

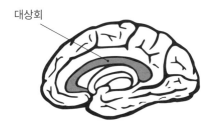

대상회

대상회에는 사람이 한 가지 일에 집중하지 못하도록 뇌에 주의를 주는 기능이 있다. 주의 산만을 피하고 집중력을 높이려면 대상회가 반응하기 어려운 환경을 만들어야 한다.

노력의 뇌 활용법

☑ 노력할 수 있느냐 없느냐는 이미 결정되어 있다.
노력하지 못한다고 자기혐오에 빠질 필요는 없다.

☑ 과정을 기록해 눈에 보이게 구체화하면
계속 즐기면서 할 수 있다.

☑ 잘 못하는 주된 원인은 멘탈 블록에 있다.
잘할 수 있는 방법을 찾아보라.

☑ 잘 못하는 일은 다른 사람에게 맡기고
자신이 잘하는 일에 초점을 맞춘다.

☑ 집중하려고 애쓸 게 아니라 집중하기 쉬운 환경을 만든다.

제8장   공부

좋아하는 마음이 있으면
즐겁게 공부할 수 있다

068

핵심 한마디 │ 좋아하는 것에서 배움으로 이어진다

좋아하니까 계속하고, 계속하니까 능숙해진다

이제 효과적인 공부법을 알려드리겠습니다. 우선 공부를 잘하는 사람은 대부분 공부를 좋아하는 편입니다. 이런 사람들은 공부를 그만두려고 해도 그만둘 수 없지요. **당연한 말이지만 좋아하는 마음이 있기에 계속할 수 있고, 계속하니까 점차 능숙해지고, 그래서 점점 더 좋아하게 되는 선순환이 생겨납니다.** 공부를 좋아한다는 것이 잘 상상되지 않는다면, 게임을 예로 들어보겠습니다. 게임을 좋아해 꾸준히 하다 보면 자신도 모르는 사이에 실력이 향상될 것이고, 그 결과 게임 관련 직종에서 활발한 활동을 하게 될지도 모릅니다.

좋아하는 것의 비밀을 파고들면 공부가 즐거워진다

누구에게나 좋아하는 분야나 취미가 몇 가지 있을 것입니다. **좋아하거나 관심 있는 분야를 공부하는 것은 매우 바람직한 행동입니다.** 철도를 좋아하는 사람이라면 철도 사업의 성립과 역사를 공부한다거나, 전국 노선도에서 지리 공부로 연결해나가는 등의 방

법으로 공부해볼 수 있습니다. 철도의 구조나 시스템에 관심이 있다면 물리학이나 기계공학의 길이 열릴지도 모르지요. 자신이 좋아하는 것과 관련된 주변 영역을 깊이 파고들면 새로운 지식을 얻을 수 있고, 배움과 즐거움도 깊어집니다.

어떤 일이든 즐기는 자가 이긴다

'공부는 진짜 싫어'라는 부정적인 생각으로 공부에 임하는 것은 매우 안타까운 일입니다. **공부를 할 때는 부정적인 고정관념에 얽매이지 않는 자세가 중요합니다.** 여러분은 공부가 싫다고 생각하지만, 실은 그 가운데서도 관심이 가는 영역이 분명히 있을 것입니다. 어떤 일이든 즐기는 자가 승리한다는 사실을 잊지 마세요!

좋아하는 것을 탐구하다 보니 모르는 것이 자꾸 나오네?

무리하게 공부를 계속하려 하지 말라. 자신이 '좋아하는 것'이나 '관심 있는 것' 과 공부를 연결시키면 자연스럽게 배움의 영역으로 들어갈 수 있다.

069 내가 실제 겪은 일처럼 생각하면 쉽게 잊히지 않는다

핵심 한마디 | '에피소드 기억'을 활용하라

모든 일을 유사 체험하듯이 배우자

공부할 때 외웠던 내용을 금방 잊어버려 속상했던 적이 있을 것입니다. 과연 어떻게 하면 공부한 내용을 오랫동안 기억할 수 있을까요? **핵심은 바로 '자신의 일'로 만드는 것입니다.** 무언가를 공부할 때, 책과 교과서의 세계에 들어가 마치 체험하듯 배우면 더 오래 기억할 수 있습니다. **교과서에 나오는 사람이나 물건의 입장에서 읽어보고 생각할수록 뇌에 더 깊게 남는 것이지요.** 이런 기억 방식을 '에피소드 기억'이라고 합니다.

이 세계에 있는 것처럼 상상해서 기억한다

저는 어렸을 때부터 무언가를 공부하면, 그 세계 속에서 지내고 있는 듯한 느낌으로 내용을 암기하곤 했습니다. 마치 내가 역사 속 인물이 된 것처럼 교과서를 읽었지요. 이렇게 읽고 외우면 어려운 역사도 쉽게 이해할 수 있었습니다. **직접 그 인물이 되어 과거의 세계로 들어가면 신기하게 그 기억이 아주 오래 간다는 사실도 깨달았지요.** 이처럼 공부하면서 무언가를 기억하고자 할 때는 한마디,

한 구절을 다 외우려고 하면 안 됩니다. 기계적으로 암기하면 금방 잊어버리기 쉬우니까요.

배우는 기쁨이 없으면 배우는 의미도 없다

'무조건 외워야지!' '절대 잊어버리면 안 돼!'라는 생각을 하면 공부가 고통스럽게 느껴집니다. 만약 타인의 강제로 공부를 하게 된다면, 뇌는 스스로 생각하지 않은 일에 대한 의심을 시작합니다. '이거 진짜로 옳은 일인가?'라는 의심은 쓸데없는 부담을 주기도 하지요. **관심 없는 일은 금방 잊히기 마련입니다.** 좋아하지 않는 공부를 억지로 하면 배움의 기쁨을 느낄 수 없습니다. 그러면 당연히 본질적인 공부가 될 수도 없겠지요.

● **기억의 분류**

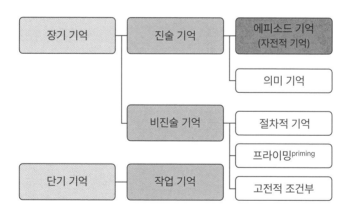

'에피소드 기억'이란 경험 등과 관련된 자전적 기억, 스토리성 기억을 가리킨다. 모든 일을 유사 체험하듯이 익혀 자신의 일처럼 생각하면 잘 잊히지 않는다.

070 무작정 시작하지 말고 '공부 지도'를 만들어라

핵심 한마디 │ 계획이 없으면 좌절하기 쉽다

여행도 공부도 지도가 없으면 헤맨다

모든 시험에 공통으로 사용할 수 있는 방법이 하나 있습니다. **바로 공부해야 할 내용을 지도로 만드는 것인데요.** 여행을 떠올리면 쉽게 이해할 수 있습니다. 목적지가 어디이고 도중에 무엇이 있는지를 알지 못하면 편안한 마음으로 여행을 즐길 수 없습니다. 물론 발길 닿는 대로 즐기는 묘미도 있긴 하지만, 시험공부를 하면서 '이번엔 뭘 공부할까?' 하고 자주 멈춰서는 건 결코 효율적이지 않겠지요.

배워야 할 내용의 뼈대를 파악하라

먼저, 시험 범위 전체를 망라한 자료를 읽어야 합니다. **실제로 공부하기 전에 전체 내용을 미리 파악해두는 것이지요.** 그러면 '5월까지 이 항목을 먼저 끝내놓자' '올해 안으로 이 단원까지 해야지'라는 식으로 대략적인 일정을 세울 수 있습니다. 배워야 할 내용의 골격에 따라 나아가야 할 길이 보이면 마음이 편해져 수월하게 공부할 수 있습니다.

● 어학 공부의 경우

1 우선 시중에서 판매하는 문법 책을 구입하세요. 심리적 부담이 적은 낮은 단계의 얇은 교재를 추천합니다. 처음부터 갑자기 두꺼운 책과 깊이 있는 내용에 도전하면 지도를 만드는 일 자체에 좌절할 수 있으니까요.

↓

2 문법 책의 목차를 읽으세요. 목차에 쓰여 있는 단원과 항목이 대략 배워야 할 내용입니다. 그 목차를 지도의 토대로 이용하면 됩니다. 일반적인 문법 책이라면 문형, 동사, 시제, 조동사, 부정사, 분사 등의 구성으로 배워야 할 내용이 적혀 있을 것입니다.

↓

3 문법 책을 전부 읽어보세요. 설명이 빽빽하게 차 있지 않고 얇은 문법 책이라면 대략 2주일 안에 다 읽을 수 있습니다. 책을 다 읽고 나면 언어의 뼈대가 어느 정도 보일 것입니다. 이것이 바로 앞으로 배워야 할 내용이지요.

↓

4 뼈대에 살(=지식)을 붙여나가듯이 처음부터 시간을 들여 차분히 도전해보세요. 이미 배워야 할 전체 내용을 파악하고 있으므로 갈팡질팡하거나 도중에 길을 잃는 일은 없을 것입니다. 지식이 유기적으로 결합되어가는 것이지요.

공부를 효율적으로 잘하려면 먼저 배워야 할 내용의 뼈대를 파악해야 한다. 목적지가 어디인지 헤매는 일도 없어지고 지식도 밀접하게 연결된다.

071 공부를 잘하려면 좋아하는 마음이 있어야 한다

핵심 한마디 | **몸이 보내는 메시지에 귀를 기울여라**

하고 싶지 않기 때문에 지속하지 못하는 게 아닐까?

처음에는 열심히 공부하지만 얼마 못 가 그만두는 사람이 많습니다. 처음 가진 열정을 유지하지 못하는 이유는 '하고 싶지 않기' 때문일 가능성이 높습니다. **정말로 배워야 하고, 하고 싶은 일이라면 계속하지 못할 리가 없으니까요.** 몸이 보내는 메시지에 귀를 기울여보세요. 다이어트든 근력 운동이든 좀처럼 계속하지 못하는 까닭은, 마음속 깊은 곳에 고생하면서까지 살을 빼거나 몸을 단련하고 싶지 않다는 생각이 숨어 있기 때문일지도 모릅니다.

공부하는 목적을 다시금 확인한다

모처럼 공부를 시작했는데 오래 하지 못하는 경우, 목표 설정이 잘못되었을 가능성도 있습니다. **이럴 때는 공부하려는 목적과 정말로 하고 싶은 일을 되새긴 후 목표를 다시 설정해보세요.** 물론 시험을 비롯해 구체적인 목표가 정해져 있다면 최단 시간 안에 그 목표에 도달하기 위해 높은 효율성을 추구해야 합니다. 하지만 명확한 목표가 있는 것이 아니라면, 앞서 이야기한 대로 배우고 있는 내용

자체에 열중하며 그 안으로 들어가 공부해보세요.

배움을 좋아하려면 어떻게 해야 할까?

'배움을 좋아하려면 어떻게 해야 할까'에 대한 고민은 매우 중요합니다. 멀게 느껴질 수 있지만 배움 자체를 좋아해야만 자연스럽게 무언가를 배울 수 있기 때문입니다. 몸과 마음에 무리한 스트레스를 받지 않고도 공부할 수 있지요. **다양한 공부법을 시도하기 전에 공부를 좋아하기 위한 방법부터 꼭 찾아보세요.**

공부를 계속하지 못하는 것은 '사실은 하고 싶지 않은 마음'이 있기 때문인지도 모른다. 그럴 때는 몸에서 보내는 메시지를 받아들이고 배움의 목적을 다시 돌이켜보라.

072 스스로 생각하다 보면 지적 즐거움을 얻을 수 있다

핵심 한마디 | 적극적으로 호기심을 가져라

모든 일을 애매한 상태로 받아들이지 않는다

주위에서 일어나는 모든 일을 막연히 받아들이지 않고, 항상 의문을 가지고 바라보면 깨닫게 되는 점이 있습니다. **무언가를 적극적으로 알아보고 모르는 것은 다른 사람에게 물어보는 자세를 취하라는 말입니다.** 그러면 알고 싶은 마음과 호기심이 자신의 내면에서 점점 커지게 되고, **생각지도 못했던 곳에서 지름길을 발견하는 지적 즐거움을 맛볼 수 있지요.**

스스로 생각하면 모든 일이 이어진다

'스스로 생각해보는' 일은 괴롭고 어려운 일이 아니라 마치 산책하듯 기분을 전환하는 일입니다. 그때까지 알지 못했던 새로운 길이 나타나기를 기대하며 마음을 편하게 하는 일이자, 가슴 설레는 탐험이라고 할 수 있지요. 제 머릿속에는 평소에 늘 생각하고 있는 몇 가지 주제가 있습니다. **그 주제들은 제각각 흩어져 자리하고 있지만, 생각 한 번으로 이 주제들을 연결해주는 새로운 아이디어와 개념을 깨달을 때가 있습니다.** 그럴 때는 무척 즐겁지요. 서로 관련 없다고 생각한 일들이 실제로는 연결되어 있거나 문제 해결의 지름길을 찾아줄 수도 있습니다. 스스로 생각해보기만 해도 이런 현상이 수없이 일어나게 되지요.

호기심을 가지고 창조적으로 사고한다

평소에 이러한 자세를 유지하면 다른 사람이 알아차리지 못하는 연결고리나 현상에 민감해져 모든 일의 본질을 파악할 수 있습니다. '자신의 머리로 생각하는 일'은 '직접 창조적으로 사고하는 일'로 바꿔 말할 수 있습니다. 이는 항상 호기심을 가지고 의문을 제기하는 데서 시작되지요.

호기심을 가지고 스스로 생각하다 보면 점점 더 다양한 지식을 만날 수 있다.

073 집중력은 사람마다 다르다

집중력의 지속 시간은 사람마다 다르다

앞에서 집중력을 높이기 위한 환경 정리의 중요성을 설명했습니다. 하지만 잘 정돈된 환경에서 공부를 해도 집중력이 오래가지 않아 고민인 사람이 있을 것입니다. 집중력의 지속 시간은 사람마다 달라서 15~30분 정도의 짧은 시간에 집중과 휴식을 반복하는 방법이 잘 맞는 사람이 있는가 하면, 반대로 몇 시간을 계속해서 몰입할 수 있는 사람도 있습니다(후자의 경우는 도파민 등의 쾌감 물질이 과도하게 나오지 않으면 불가능합니다). **이런 점을 고려한다면, 시간을 정해두고 너무 엄격하게 지키려 하기보다는 그냥 자신의 집중력이 다할 때까지 노력하는 것이 좋지 않을까요?**

집중력이 다하면 어중간한 상태라도 그만둔다

집중력을 유지하기 위해 기억해야 할 한 가지 요령이 있습니다. 공부나 작업을 할 때, 한 단락이 끝나지 않은 어중간한 지점에서 중단하는 것입니다. '오늘 이 단락까지는 해두자!' 하며 애쓰는 사람이 있는데, 이는 오히려 역효과를 냅니다. **공부든 작업이든 매번 끝**

까지 다 해버리면 그다음 새로운 일을 시작할 때 뇌가 번거로움을 느끼기 때문이지요. 하지만 어중간한 상태에서 그만두면 뇌는 컴퓨터의 저전력 모드 같은 상태가 됩니다. 그래서 다음 작업을 재개하기가 수월해지지요.

사람들은 그만둔 일을 잘 기억한다

사람들은 아직 달성하지 못했거나 도중에 그만둔 일을 마음속에서 쉽게 지우지 못하고 오래 기억합니다. 심리학 전문용어로는 '**자이가르닉 효과**zeigarnik effect'라고 합니다. 이 효과를 활용하려면 입시 공부나 자격증 취득 공부를 할 때 단원이나 항목이 딱 떨어지는 부분에서 끝내는 데 집착하지 않아야 합니다. 기획서를 작성한다거나 아이디어를 낼 때도 어중간한 지점에서 중단해보세요. 다음에 다시 일을 할 때 자연스럽게 집중력이 높아질 것입니다. 학교에서 학생들에게 가르쳐도 좋을 만큼 효과적인 방법이지요.

공부할 때 집중력을 유지하는 요령은 어중간한 상태에서 그만두는 것이다. 그러면 뇌가 컴퓨터의 저전력 모드와 같은 상태가 되어 다음번에 작업을 재개하기가 훨씬 수월해진다.

074 생활 습관을 바로잡으면 집중력을 제어할 수 있다

핵심 한마디 | 세로토닌을 저하시키지 않는다

세로토닌이 부족해 의욕이 솟아나지 않을지도 모른다

지금까지 설명한 방법으로 집중력을 높이려고 해도 도무지 공부할 의욕이 생기지 않는 날이 있습니다. 뇌 속의 신경전달물질인 세로토닌이 부족해서일지도 모릅니다. 앞에서도 소개했지만, 세로토닌에는 도파민(기쁨, 쾌감)이나 노르아드레날린(공포, 놀람) 등의 정보를 통제하고 신경의 균형을 맞추는 기능이 있습니다. **세로토닌이 부족하면 의욕이 사라지고 심한 경우에는 우울증에 빠지기도 합니다.**

극단적인 다이어트는 마음에도 악영향을 미친다

세로토닌을 합성하려면 필수아미노산인 트립토판[tryptophan]이 필요합니다. 필수아미노산은 체내에서 합성할 수 없으므로 음식물에서 섭취할 수밖에 없는데요. **트립토판은 콩, 가다랑어, 참치, 간, 치즈 등 고단백질 식품에 많이 함유되어 있습니다.** 참깨와 바나나에도 많이 함유되어 있고요. 아미노산이 근육에 흡수되려면 탄수화물도 필요합니다. 위에 열거한 음식을 풍부하게 섭취한다 해도 당질을 무조건 제한하는 다이어트를 하면 아미노산이 체내에 제대로 흡수되지 않습니다.

생활 습관을 바로잡으면 의욕도 올라간다

이 외에도 욕조 물에 몸 담그기, 걷기, 일찍 자고 일찍 일어나기 등의 규칙적인 생활은 세로토닌이 분비되는 데 매우 효과적입니다. 원리가 명확히 밝혀지지는 않았지만, 세로토닌이 분비되려면 마음에 평안을 줄 수 있는 편안한 상태가 필요하다고 합니다. **평소에 균형 잡힌 식사와 적절한 운동을 통해 심신을 편안하게 해야 한다는 것이지요.** 규칙적인 생활 습관이 결국은 의욕과 집중력 향상으로 이어집니다.

● **필수아미노산 트립토판을 듬뿍 함유한 식품**

| 콩·유부·낫토 | 가다랑어·참치 | 간 |
| 치즈 | 참깨 | 바나나 |

신경의 균형을 잡아주는 기능이 있는 세로토닌을 합성하는 데는 필수아미노산인 트립토판이 필요하다. 다만 필수아미노산은 체내에서 합성되지 않으므로 음식물로 섭취해야 한다.

075 일단 시작하면
의욕은 따라온다

핵심 한마디 | **뇌는 원래 귀찮은 일을 싫어한다**

어떤 일이든 일단 시작해야 의욕이 생긴다

공부를 비롯한 무언가를 할 때 의욕을 솟아나게 하는 좋은 방법이 또 하나 있습니다. 바로 무조건 시작하는 것입니다. 물론 "그게 안 되는 건데요"라고 하소연하는 사람도 있겠지요. **하지만 뇌에는 지금 몰두하고 있는 일을 계속하려는 관성이 있습니다. 그래서 일단 시작하기만 하면 뇌는 그 작업을 계속하기 위해 작동합니다.** 귀찮거나 싫어하는 마음 때문에 시작이 어렵겠지만, 그래도 일단 시작하면 뇌는 그 작업에 점점 익숙해질 것입니다.

말초신경이 기능을 발휘한다

좋아하지 않는 단원을 공부할 때는 교재를 펼친 뒤 바로 문제를 풀려고 하지 말고 해설을 먼저 읽어보세요. **의욕과 집중력이 생기지 않을 때는 손을 움직여 작업을 시작하는 것이 좋습니다.** 일을 할 때도 마찬가지로 '할 마음이 생기지 않아' '어쩌면 좋지'라는 고민이 들면, '손가락'으로 키보드를 치고 '눈'으로 모니터를 응시하세요. 말초신경(운동신경이나 감각신경 등)이 중추신경(뇌)의 시동을 걸어줄 것입니다. '막상 해보니 생각보다 잘 되는데!' 같은 성공 체험도 뇌로 전달될 것이고요.

뇌는 지금 하고 있는 일을 계속하려고 한다

뇌는 연비가 무척 나쁜 장기입니다. 고도의 기능을 발휘해 작동하지만, 제대로 작동하려면 많은 산소와 영양이 필요하기 때문이지요. 그래서 뇌는 에너지를 절약하기 위해 가능한 한 지금 하는 일을 계속하려고 합니다. **다시 말해 귀찮은 일이나 싫어하는 일, 완전히 새로운 문제에 도전하는 일이 꺼려지는 이유는 여러분의 성격 문제가 아니라 본래 뇌 구조 때문입니다.** 이러한 뇌의 성질을 역이용하면 공부나 일을 하기 시작함으로써 의욕과 집중력을 발휘할 수 있습니다.

의욕을 솟아나게 하는 가장 간단한 방법은 일단 시작하는 것이다. 뇌는 에너지를 절약하기 위해 가능한 한 지금 하고 있는 일을 계속하려고 하므로 그 성질을 역으로 이용하면 된다.

공부의 뇌 활용법

☑ 공부는 즐기는 자가 승리하는 법이다.
자신이 좋아하는 것의 비밀을 찾아나가면 배움이 즐거워진다.

☑ 자신의 일로 바꿔 생각하는 '에피소드 기억'을 활용하면
배운 내용을 오래 기억할 수 있다.

☑ 어떤 일을 할 때, 호기심을 가지고 적극적으로 알아보면
모든 일이 서로 연결된다.

☑ 집중력이 끊기면 어중간한 상태에서 공부를 그만둔다.

☑ 무엇이든 일단 시작하면 의욕은 점차 생겨날 것이다.

제9장   운

076 논리적으로 생각해보면 인생은 불공평하다

사람들은 운에 관해서 다양한 사고를 한다

'운이 좋고 나쁨은 인식의 문제다' '운이 좋은 일과 나쁜 일은 누구에게나 평등하다' 등 사람들은 잘 알지 못하는 운에 관해 다양한 사고를 합니다. **이 말이 모두 맞는 것 같지만, 논리적으로 생각하면 인생은 불공평한 것이 당연합니다.** 운과 불운을 동전의 앞면과 뒷면이 나올 확률이라고 생각해봅시다.

운이 좋은 사람과 운이 나쁜 사람은 나뉘어 있다

우선 동전을 던졌을 때 '앞면(=운으로 1점 가산)'이 나올 확률과 '뒷면(=불운으로 1점 감산)'이 나올 확률은 각각 50%입니다. 동전을 계속 던지면 일시적으로는 어느 한쪽으로 기울더라도 마지막에는 플러스와 마이너스가 상계되어 0점에 가깝게 조정될 것입니다. 다만 확률 계산은 어디까지나 동전을 영원히 던질 수 있다는 것을 전제로 합니다. 하지만 실제 우리의 인생은 유한하지요. 사람마다 동전을 던질 수 있는 횟수는 다 다르기 때문에, 동전을 1,000번 던질 수 있는 사람이 있다면 1만 번 던질 수 있는 사람, 10만 번 던질 수 있는 사람도 있을 것입니다. **이는 운이나 불운 가운데 어느 한쪽으로 기울어진 상태에서 인생이 끝날 수도 있다는 이야기지요.**

인생은 유한하다

동전의 앞면과 뒷면이 나올 확률은 항상 50%이고, '계속 뒷면이 나왔으니까 이제 앞면이 나오면 좋겠다'라는 바람이 꼭 이루어진다고 볼 수도 없습니다. 이전에 나온 결과에 좌우되지 않기 때문입니다. 한동안 계속 앞면만 나오거나 계속 뒷면만 나와도 전혀 이상한 일이 아닙니다(현실적으로는 한쪽만 계속 나오는 일은 없습니다만). 평소에는 잘 잊고 지내지만, 인생이 유한하다는 분명한 사실을 되짚어보면 운에 대한 사고방식도 바뀌지 않을까요?

동전의 '앞면(=운)'이 나올 확률과 '뒷면(=불운)'이 나올 확률은 각각 50%다. 다만, 현실적으로 인생에서는 동전을 영원히 던질 수 없다.

운이 좋은 사람에게는
좋은 일이 더 자주 일어난다

핵심 한마디 | 손에 쥔 행운을 최대한 활용하라

무조건 다음에 더 좋아진다고는 볼 수 없다

운에 관해 더 생각해보겠습니다. 앞서 동전의 앞면과 뒷면이 나올 확률은 각각 50%이며, 계속 뒷면이 나왔다고 해서 다음에 앞면이 나오는 것은 아니라고 설명했습니다. **이렇게 그때까지의 결과와 관계없이 다음에 일어날 일의 확률이 결정되는 것을 '마르코프 과정**markov process**'이라고 합니다. 핵심은 실제 인생에서는 마르코프 과정에 해당되지 않는 경우가 많다는 사실입니다.**

운과 불운은 연쇄하기 쉽다

이해하기 쉽게 학력으로 생각해봅시다. 일단 고학력을 취득하면 장래에 수입이 높은 직업을 갖게 될 가능성이 높아집니다. 고학력이라는 조건에 따라 얻을 수 있는 인맥이나 건전한 자신감 등을 포함하면 성공할 가능성이 커진다고 해도 되겠지요(어디까지나 가능성을 이야기하는 것으로, 그렇지 않은 사람도 많습니다). 다시 말해, 실제 인생에서는 일단 성공과 같은 운을 얻으면, 다음은 그 운으로 획득한 요소(학력, 돈, 지위, 인맥, 환경 등)를 자원으로 그다음 성공을

거머쥘 가능성도 커진다는 것입니다.

운에 의지하지 말고 운의 확률을 높여가라

논리적으로 생각하면 운이 좋으냐 나쁘냐의 확률은 각각 50%로 큰 차이가 나지 않는다고 생각할 수도 있습니다. 하지만 현실 사회를 보면 꼭 그렇지도 않습니다. 소득 격차를 비롯해 바로잡아야 할 문제가 많은 것은 분명하니까요. **다만, 여기서 자신이 바라는 행복을 얻으려면 그저 수동적으로 운에 기대고만 있어서는 안 된다는 점을 강조하고 싶습니다.** 운에만 의지하지 않고 '어떻게 행운의 확률을 높일까?' 하고 생각하는 자세를 갖춰야 합니다.

논리적으로 생각하면 운이 좋으냐 나쁘냐의 확률은 각각 50%다. 하지만 현실 사회에서는 운이 운을 부르고 불운이 불운을 부르는 경우가 많다. 인생을 운에 맡기지 말고 행운의 확률을 높이기 위해 고민해야 한다.

078

목표 달성률을 높이려면 언어성 지능을 단련하라

핵심 한마디 | **언어성 지능은 운을 불러들인다**

지능이 발달하면 목표 달성률이 높아진다

목표를 달성할 확률을 높이는 가장 확실한 길은 지능을 발달시키는 것입니다. 여기서 지능은 IQ와 같은 특수한 지능이 아니라 언어성 지능을 말합니다. 지능은 크게 언어성 지능과 비언어성 지능으로 나눌 수 있습니다. 언어성 지능에는 독서나 공부로 습득한 지식이나 직접 쌓아 올린 경험 등이 있지요.

일이나 취미를 통해 언어성 지능을 발달시킬 수 있다

'뭐야, 결국 독서랑 공부였어?' 하고 실망할지도 모르겠습니다. 하지만 독서나 공부를 그다지 많이 하지 않는 사람이라도 괜찮습니다. 언어성 지능은 영화나 음악을 깊이 즐기고, 일을 통해 실제 경험을 쌓아가고, 다른 사람과의 소통하는 과정에서도 기를 수 있으니까요. 최근 교양의 중요성이 강조되고 있는데요. 교양 역시 이 언어성 지능에 해당합니다. 이 지능이야말로 여러분이 다음 성공을 거머쥐는 데 필요한 중요 자원이 되어줄 것입니다.

일상에서 일어나는 사소한 일을 기억하라

반면에 비언어성 지능은 태어날 때부터 어느 정도 결정되어 있다고 합니다. 흔히 우리가 말하는 타고난 머리라고 하면 이해하기 쉽겠네요. 비언어성 지능은 미지의 상황에서도 유연하게 대처할 수 있는 지능을 말하는데, 의식적으로 향상시키기가 상당히 어렵습니다. 다만 향상시키는 것이 불가능하지는 않습니다. 단기적으로 기억을 축적하는 '작업 기억working memory'을 넓히는 훈련을 계속해 비언어성 지능을 높일 수 있습니다. 이를테면 일상에서 일어나는 사소한 일을 기억하려고 노력할 수 있겠지요. **사실 누구나 도전하기 쉬운 방법은 독서나 배움의 경험을 비롯해 의식적으로 타인과의 교류를 늘려가면서 언어성 지능을 키우는 것입니다.** 이 방법으로 성공 확률을 높이고 운을 끌어당길 수 있습니다.

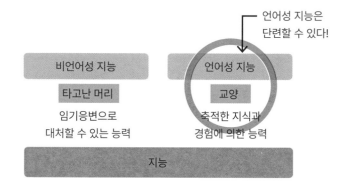

지능은 크게 두 종류로 나눌 수 있다. 언어성 지능은 독서나 공부 등으로 익힌 지식과 직접 쌓아 올린 경험을 가리키고, 비언어성 지능은 미지의 상황에 유연하게 대처할 수 있는 지능을 뜻한다.

079

꾸준한 독서는
언어성 지능을 향상시킨다

핵심 한마디 | 언어성 지능은 운도 끌어당긴다

기억의 데이터베이스를 효과적으로 활용하라

뇌과학적으로 볼 때, 인생의 승률을 높여주는 언어성 지능은 뇌의 '측두엽temporal lobe**'에 쌓이는 기억의 데이터베이스와 같습니다.** 이 부위에 독서나 공부로 얻은 지식이라든지 일이나 취미로 얻은 경험이 쌓이는 것이지요. 단순한 인물명 같은 지식부터 경험에 의한 사고방식, 대처법 같은 패턴까지 포함됩니다. 기억의 데이터베이스를 자유자재로 사용하려면 전전두피질의 '배외측부'라는 부분이 필요합니다. 이 부분에서 아이디어를 서로 연결하거나 손실과 이득을 계산해 정보를 취사선택할 수 있지요.

독서로 단련한 언어성 지능을 행동에 활용한다

앞에서 언어성 지능을 향상시키기 위한 방법을 몇 가지 소개했지만, 역시 가장 효과적인 방법은 독서입니다. **책은 정보가 언어로 응축되어 있어 언어성 지능을 단련하는 데 최적의 도구라고 할 수 있지요.** 독서 후에 책을 바로 덮지 말고, 그 안에 담긴 여러 정보를 실제 행동으로 옮겨보세요. 소설이든 논픽션이든 상관없습니다. 책에 쓰인 다양한 발상을 눈앞에 있는 과제에 응용해본다면 좋은 아이디어가 떠오를 것입니다.

언어성 지능은 언제든지 높일 수 있다

지식이나 경험을 축적하는 능력과 속도에는 개인차가 있습니다. 하지만 언어성 지능은 언제든지 향상시킬 수 있다는 점에서 모두에게 공평합니다. '나는 발상력도, 아이디어도 없어' '나이가 들어서 이제 공부 같은 건 무리야' 하며 포기하는 것은 너무나도 아까운 일이지요. **언어성 지능을 활용한다면 언제든지 좋은 아이디어를 떠올릴 수 있습니다.**

정보가 언어로 응축되어 있는 책은 언어성 지능을 단련할 수 있는 최적의 도구다. 지식과 경험을 쌓아가는 능력과 학습 속도에는 개인차가 있지만 언어성 지능은 언제든지 향상시킬 수 있다.

책을 스승으로 삼아 인생의 목표에 다가가라

080

우리는 흉내를 내면서 성장한다

우리는 '흉내'를 내면서 새로운 일을 배우고 익히기 시작합니다. 우리가 언어를 배울 수 있었던 이유는 부모나 주변 사람들의 말을 들으며 흉내 냈기 때문이지요. 흉내 내는 것은 뇌의 기본적인 학습 과정으로, 자신의 목표에 다가가고 삶의 운을 끌어당기는 데 도움이 됩니다. **주변에 있는 잘나가는 사람의 말과 행동을 관찰하고 자신이 할 수 있는 만큼 따라 해보면 모든 일에 임하는 자세와 사고 방식이 바뀔 수도 있습니다.** 어떤 아이디어를 내야 한다면, 같은 분야에서 뛰어난 실적을 보인 사례를 조사하고 흉내 내는 것부터 시작해보세요. 그럼 성장의 실마리를 찾을 수 있습니다.

진지하게 흉내 내면 비로소 깨닫는 점이 있다

앞에서 독서의 효과를 이야기했지만 사실 그저 멍하니 읽거나, 쓰여 있는 내용을 그대로 가져가 일이나 대화에 사용하기만 한다면 좋은 아이디어가 생기지 않습니다. 물론 머리도 좋아지지 않고요. 하지만 뛰어난 작품을 모방하거나 아름다운 문장을 필사하면 그 작품의 본질과 구조를 이해하기 쉬워집니다. 이러한 과정 자체가 배움이 되고 피와 살이 되는 법이지요. **언뜻 보면 비효율적으로 느껴질지 모르지만, 자신의 손으로 직접 흉내 내야 비로소 깨닫는 점이 있습니다.** 뛰어난 사람이나 작품을 따라 하다 보면 결과적으로 배움의 속도가 높아질 것입니다.

소중한 사람을 만날 기회가 반드시 오는 것은 아니다

지금까지 여러분은 부모나 스승, 상사, 선배를 비롯해 주위에 있는 사람들에게 영향을 받고 어떤 부분을 흉내 내면서 살아왔을 것입니다. **하지만 실제 인생에서는 소중한 사람들을 만날 기회가 자신의 필요에 맞게 딱 찾아오지 않습니다.** 설령 가까이에 훌륭한 사람이 있어도 서로의 성격이나 타이밍이 맞지 않을 수 있지요. 주변에 내 편이 되어줄 사람이 아무도 없을 수도 있습니다.

책 속에는 반드시 내 편이 있다

하지만 책만큼은 사람을 가리지 않습니다. 책 속에는 반드시 당신의 아군이 있습니다. **책을 스승으로 삼아 배우고 살아갈 힘을 얻어보세요.** 책은 아무 때나 펼쳐서 읽을 수 있습니다. 복잡하고 번거로운 인간관계도 없을뿐더러 자신의 상황에 맞춰 원하는 때에 좋을 대로 배울 수 있습니다. 인생의 목표를 달성하고 운을 손에 넣으려면 누군가의 협력이 필요합니다. 책은 언제나 당신의 든든한 아군이 되어줄 것입니다.

081

오감을 통해
지식을 습득하라

뇌에 있는 지식을 바로 끌어내려면 어떻게 해야 할까?

지금까지 언어성 지능을 키워야 하는 이유와 그 중요성을 설명했습니다. 하지만 아무리 지식을 축적해도 금세 잊어버린다거나 정작 그 지식이 필요할 때 끄집어내지 못한다면 아무런 의미가 없겠지요. 그럼 어떻게 해야 기억 속 내용을 살아 있는 지식으로 바꿔 필요할 때마다 꺼내 쓸 수 있을까요?

오감을 통해 습득한 지식은 기억 속에 자리 잡기 쉽다

한 가지 좋은 방법은 책이나 자료를 반복해서 읽는 것입니다. 하나의 지식을 여러 번 접하면 접할수록 기억에 오래 남습니다. 다만 책 읽을 시간이 없는 바쁜 사람들에게는 그다지 현실적인 방법이 아닙니다. 그렇다면 더욱 쉬운 방법이 있습니다. **바로 배우거나 익힌 내용을 다른 사람에게 이야기하는 것입니다.** 오감을 통해 습득한 지식은 기억 속에 자리 잡기 쉬우므로, 잊어버리지 않으려면 평소에 자주 사용하는 것이 좋습니다. **책을 통해 배운 지식을 바로 다른 사람에게 이야기해보세요.**

이야기 상대를 바꿔 다양한 자극을 얻어보자

같은 이야기라도 상대에 따라 반응이 달라지므로 매번 다른 자극을 얻을 수 있습니다. 그러므로 가능하면 의도적으로 상대를 바꿔가면서 동일한 내용의 지식을 이야기해보세요. 그 지식은 기억에 더욱더 강하게 남아 잘 잊히지 않을 것입니다. **공부뿐만 아니라 업무나 취미 등에서 매일 사용하는 지식을 잊어버리지 않는 이유는 그만큼 많이 사용하기 때문입니다.** '배워도 금세 잊어버려' '읽은 내용이 하나도 기억나지 않아' 이런 고민이 있다면 꼭 다른 사람에게 그 내용을 이야기해보세요.

오감을 통해 습득한 지식은 기억에 쉽게 정착한다. 배운 내용을 반복해서 읽어 지식을 접하는 횟수를 늘리거나 다른 사람에게 이야기하며 실제로 사용하면 기억에 더 오래 남는다.

082 실력이 비슷하다면 승부는 겉모습으로 결정된다

사람은 겉모습이나 경력, 직함으로 판단한다

우리는 생각보다 더 겉모습이나 경력, 직함 등으로 타인을 판단합니다. 의사, 경찰관, 호텔리어 등 제복 차림의 사람을 보면 왠지 모르게 신뢰하게 됩니다. **사람의 성격이나 실제 능력은 겉모습과 직접적인 관계가 없지만, 그래도 겉모습은 사람을 판단하는 데 큰 영향을 미칩니다.** 게다가 학력이 높거나 유명 기업에 근무한다는 사실만으로 사람을 신뢰하는 경향도 있습니다. 그 사람의 내면을 잘 알지 못하는데도 말이지요.

눈에 보이는 특징을 신뢰하는 후광 효과

심리학에서는 이를 '후광 효과halo effect'라고 부릅니다. **후광 효과는 어떤 사람이나 현상을 판단할 때 두드러지는 특징이 한 가지라도 있으면, 그 특징이 전반적인 판단과 평가에 큰 영향을 미치는 현상을 가리킵니다.** 후광halo이란 그리스도상이나 불상 뒤에 비치는 원 모양의 불빛을 말합니다. 경찰관, 사장 같은 직함이 있으면 마치 밝은 빛을 지닌 존재인 것처럼 '신뢰할 만하다'라고 판단하게 되는 데서 후광이라는 이름이 붙여졌다고 합니다.

뇌는 효율적으로 정보를 처리하려 한다

왜 이런 현상이 일어나는 걸까요? 이 현상 역시 뇌가 에너지를 절약하려 하기 때문에 발생합니다. 특정 사람과 진지하게 마주하기보다는 한눈에 알기 쉬운 겉모습이나 경력, 직함을 이용해 효율적으로 정보를 처리하려는 것이지요. **반대로 자신과 실력이나 특징이 비슷한 사람이 있다면 겉모습이 좋은 사람이 더 높이 평가받을 수 있습니다.** 그러므로 언어성 지능이 높아지도록 노력하면서 겉모습도 신경 써야 합니다.

겉모습에 신경 쓰면 좋은 평가를 받을 수 있다

자신만의 독창적인 스타일을 추구하는 자세는 매우 중요합니다. **하지만 면접, 협상, 파티와 같은 상황에서는 상대가 원하는 모습으로 적절하게 행동함으로써 자신의 입장을 유리하게 만드는 것도 하나의 전략이 될 수 있습니다.** 자신의 스타일을 잠시 접어두고 겉모습에 주의를 기울이면 상대적으로 높은 평가를 받을 수 있지요. 기본적인 인간의 특성은 크게 다르지 않지만, 어떤 특정 사회나 집단에서는 겉모습을 바꿈으로써 새로운 자신을 보여줄 수도 있습니다.

재미를 기준으로 결정하면 건강해질 수 있다

083

핵심 한마디 | 운에 맡기지 말고 직접 결정하라

마음 상태가 건강에 큰 영향을 미친다

마음 상태에 따라 몸 상태도 달라집니다. **실제로 몸에는 마음 상태에 따라 기능이 달라지는 면역계 물질이 있습니다.** 대표적인 면역계 물질이 앞에서 언급한 자연 살해 세포입니다. 이 세포는 인플루엔자와 같은 바이러스가 흡착해 감염된 세포를 죽이거나 암세포를 줄입니다. 통증이나 염증을 완화해주는 면역계 물질 '인터루킨 6 Interleukin 6(IL-6)'도 마음 상태에 따라 분비되는 정도가 달라진다고 합니다.

망설여질 때는 '재미'를 기준으로 결정하라

최근에 진행된 다양한 연구로 마음 상태가 건강(면역계 물질)에 어떤 영향을 미치는지 밝혀졌습니다. 연구 결과를 토대로 운에 관해 생각해본다면, 어떤 선택의 순간에 망설여질 때는 재미가 있느냐 없느냐로 결정하는 것이 좋습니다. **누가 시키는 대로 하거나 운에 맡기지 말고, 자신이 느끼는 재미를 기준으로 선택하면 마음이 한층 편안해지고 행복을 느낄 수 있습니다. 결과적으로 면역계 물**

질의 기능이 활발해지지요. 과거 영국에서 52~79세의 연령대 약 3,800명을 대상으로 추적 조사를 실시했습니다. 조사에서 주관적으로 행복을 느끼는 사람이 그러지 않은 사람에 비해 사망 위험이 35%나 낮다는 결과가 나왔습니다.

옳고 그름의 관점뿐만 아니라 건강에 좋은 선택을 하라

어떤 선택을 놓고 망설일 때, 대부분 '과연 이 선택이 옳은가?'라고 고민하며 불안해합니다. 실패하고 싶지 않은 마음은 어쩔 수 없지만, 그럴 때야말로 자신이 느끼기에 재미가 있느냐 없느냐로 결정하는 것이 좋습니다. **실패하지 않는 것도 중요하지만, 행복하게 살아가는 데는 재미가 있느냐 없느냐가 더 중요하기 때문이지요.** 건강에 좋은 방법이기도 하고요.

● **마음 상태가 면역계 물질의 기능에 영향을 미친다**

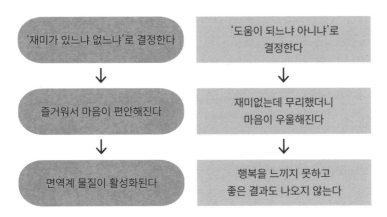

'재미가 있느냐 없느냐'로 결정한다
↓
즐거워서 마음이 편안해진다
↓
면역계 물질이 활성화된다

'도움이 되느냐 아니냐'로 결정한다
↓
재미없는데 무리했더니 마음이 우울해진다
↓
행복을 느끼지 못하고 좋은 결과도 나오지 않는다

선택하는 데 망설여질 때는 남의 말을 듣거나 운에 맡기지 말고 자신이 느끼기에 '재미가 있느냐 없느냐'로 결정한다. 그래야 행복감이 커지고 건강에도 좋다.

084

운이 좋다고 생각하면
실제로 운이 좋아진다

핵심 한마디 | 운이 좋은 사람은 문제에 능숙하게 대처한다

'나는 운이 좋다'라고 생각하자

이른바 운이 좋은 사람들이 대부분 실천하는 매우 간단한 방법이 있습니다. **바로 '나는 운이 좋다'라고 믿는 것입니다.** 운이 좋다고 생각하기만 해도 실제로 운이 좋아지는지에 대한 확실한 근거가 없어 보이긴 합니다. 또 생각만으로도 운이 좋아질 수 있다면, 앞서 이야기한 과거의 성공이나 실적도 특별히 필요하지 않아 보이지요. 한번 논리적으로 생각해볼까요?

운이 좋은 사람은 같은 실패를 되풀이할 원인을 줄여나간다

여러분이 업무에서 큰 실수를 했거나 배우자 또는 연인과 싸우는 등 무언가 실패를 했다고 가정합시다. **이때 평소 '나는 운이 좋은 사람이야'라고 믿는 사람은 '운이 좋은데도 실패한 건 뭔가 부주의했거나 준비가 부족했을지도 몰라'라고 생각하겠지요.** 반면에 언제나 '나는 운이 잘 따르질 않아'라고 생각하는 사람이라면, '노력했는데도 실패했어. 역시 나는 운이 나빠'라고 생각할 것이 분명합니다. 다시 말해, 운이 좋은 사람은 같은 실패를 되풀이할 원인이나

계기를 줄여가지만, 운이 나쁜 사람은 같은 실패를 반복할 가능성을 더 높입니다.

소리 내어 말하면 더욱더 뇌에 각인된다

'나는 운이 좋아'라는 생각을 마음에 새겼다면 실제로 소리 내어 말해보세요. 앞에서 오감을 통해 얻은 지식은 기억에 오래 남는다고 이야기했습니다. 뇌의 '해마 hippocampus (대뇌변연계의 양쪽 측두엽에 위치하며 장기적인 기억과 공간개념, 감정적인 행동을 조절하는 역할을 한다―옮긴이)'로 보내진 정보는 기억으로 정리되어 쉽게 각인됩니다. 똑같이 실패를 경험해도, 그 후에 어떻게 대처하느냐에 따라 미래에 큰 차이가 생기는 법이지요. 뇌 속에 새로운 회로를 만들려면 최소 3주가 걸린다고 합니다. **'나는 운이 좋아'라고 굳게 믿으며 그 생각을 3주 이상 계속해나가면 운이 좋은 사람에 가까워질 수 있습니다.**

어라? 난 운이 좋은 편인데 실패했네.

준비가 약간 부족했나 봐.

운이 좋은 사람이 되기 위한 간단한 방법은 '나는 운이 좋아' 하고 생각하는 것이다. 평소에 자신이 운이 좋다고 생각하는 사람은 좋지 않은 결과를 냉정하게 돌이켜보고, 같은 실수를 되풀이할 수 있는 요소를 줄여나간다.

085 확신의 힘을 이용하면
인생이 좋은 방향으로 움직인다

핵심 한마디 | 거짓말의 위력을 무시할 수 없다

좋아질 거라고 믿으면 실제로 증상이 좋아진다

'플라세보 효과placebo effect'를 알고 있는 사람이 많을 것입니다. 하버드대학교 마취학자인 헨리 워드 비처Henry Ward Beecher가 밝혀낸 효과로, **효능이 없는 가짜 약을 먹은 환자가 '이 약을 먹으면 낫는다'라고 믿음으로써 실제로 증상이 호전되는 효과를 뜻합니다.** 반대로 효능이 있는 진짜 약인데도 '낫지 않는다' '부작용이 있다'라고 믿으면 실제로 부작용이 나타나는 경우를 '노세보 효과nocebo effect'라고 합니다.

사망률까지 좌우하는 확신의 힘

이 효과들이야말로 틀림없이 뇌가 가진 확신의 힘이라고 할 수 있습니다. 단지 '나는 운이 좋은 편이야'라고 믿는 것이라면 몰라도 확신의 힘이 건강 상태까지 크게 좌우한다고 하니, 거짓말의 긍정적인 측면도 다시금 검토할 필요가 있을 것 같네요. **실제로 심장병에 걸리기 쉽다고 믿고 있는 여성의 사망률이 그러지 않은 여성보다 약 네 배나 높았다는 연구 결과도 있을 정도니까요.**

선의의 거짓말도 커뮤니케이션의 한 방법이다

지금까지 여러 번 소개한 라벨링 효과도 어떤 의미에서는 거짓말의 힘이라고 해도 좋을 듯합니다. 설령 진실이 아니더라도 상대에게 자신이 바람직하다고 생각하는 라벨을 붙임으로써, 상대가 실제 그 라벨에 따라 행동하도록 유도할 수 있기 때문입니다. **이처럼 자신이나 소중한 사람에게 좋은 효과를 주는 선의의 거짓말을 능숙하게 사용할 줄 아는 것도 어른으로서 갖춰야 할 커뮤니케이션 요령입니다.** 인생이 좋은 방향으로 나아갈 가능성을 한층 더 높여 줄 테니까요.

뇌가 가진 확신의 힘을 효과적으로 활용하면 인생이 좋은 방향으로 나아갈 가능성이 한층 더 높아진다.

운이 좋은 사람과 함께 있으면
말과 행동이 닮아간다

086

운이 좋은 사람과 함께 있어라

만약 주변에 운이 좋은 사람이 있다면 꼭 그 사람과 사이좋게 지내세요. 가능하면 그 사람과 함께 행동해보세요. 물론 무리하게 함께 있으려고 하면 스트레스만 쌓이고 아무런 의미도 없겠지만, 자연스럽게 함께할 수 있는 사람이라면 단지 그 행동만으로도 여러분의 운이 좋아질 가능성이 있습니다.

거울 뉴런이 운이 좋은 사람의 행동에 반응한다

뇌 속에는 '거울 뉴런mirror neuron'이라는 신경세포가 있는데요. 세포는 자신이 행동할 때뿐만 아니라 다른 개체가 행동하는 것만 봐도 활발해집니다. **운이 좋은 사람의 행동을 볼 때, 마치 자신도 똑같은 행동을 하고 있는 것처럼 반응하지요.** 거울 뉴런은 거울에 비친 자신의 움직임을 그대로 느끼는 기능이 있기 때문에, 타인의 감정을 이해하고 공감할 수 있는 능력에 관여한다고 알려져 있습니다.

자신도 모르는 사이에 운이 좋은 사람과 닮아간다

더 많은 운을 끌어당기고 싶다면, 단지 운이 좋다고 믿으며 소리 내어 말하는 데 그쳐서는 안 됩니다. 주위에서 **운이 좋은 사람을 찾아내 되도록 함께 시간을 보내면서 그 사람의 말과 행동을 유심히 관찰해보세요.** 거울 뉴런을 통해 타인의 행동 의도와 목적을 이해하고, 나아가 그 이유까지 읽을 수 있습니다. 기쁨과 슬픔 등의 감정까지도 말이지요. 마치 자신이 그러한 말과 행동을 하고 있는 것처럼 거울 뉴런은 점점 활발해집니다. 이렇게 자신도 모르는 사이에 사고방식이나 가치관이 조금씩 곁에 있는 운 좋은 사람을 닮아가게 됩니다.

이 사람은 운이 좋은 것 같으니 가능하면 함께해야지.

운이 좋은 사람과 시간을 보내면 자신의 운도 좋아질 수 있다. 거울 뉴런이라는 신경세포는 다른 개체의 행동을 보면 마치 자신이 행동할 때처럼 활발해진다.

087 사람은 바라보는 방향으로 나아간다

시선을 다른 데로 돌렸기 때문에 목표를 달성하지 못하는 것이다

여러분이 어딘가를 향해 걸어갈 때, 목적지를 알고 있음에도 헤매는 일이 생길 수 있습니다. 처음부터 나아갈 방향이나 목표를 잘못 잡았을 수도 있고, 도중에 집중력을 잃거나 무언가에 정신을 빼앗겨 해야 할 일을 제대로 하지 않았을 수도 있지요. 물론 목표를 완전히 바꾸는 경우도 있을 테고, 실제로 여러 가지 이유를 생각해볼 수 있습니다. 그런데 이러한 행동에는 공통점이 하나 있습니다. **바로, 목적지가 아닌 다른 곳으로 시선을 돌렸기 때문에 길을 잃는다는 것입니다.**

사람은 보고 있는 방향으로 나아간다

어떤 목표를 정하는 것은 목적지에 깃발을 세우는 행위라고 할 수 있습니다. 만약, 어느 순간 그 깃발에서 눈을 떼면 목표를 달성하지 못하는 경우가 발생합니다. 인간에게는 몇 가지 놀라운 특성이 있는데, 그중 하나가 자신이 보고 있는 방향으로만 나아간다는 것입니다. **여러분이 다다르고 싶은 목적지가 있다면, 다른 곳에 한**

눈팔지 말고 오로지 그곳만 생각하며 나아가야 합니다.

평소에도 자신의 목적지를 의식하라

별똥별이 떨어질 때 소원을 빌면 이루어진다는 말이 있습니다. 하지만 별똥별은 느닷없이 나타나 1~2초 사이에 사라지고 맙니다. 찰나의 시간에 바로 소원을 빌 수 있다는 것은 평소에도 계속 그 목표를 의식하고 있었기 때문입니다. 계속 생각하고 있는 일은 분명 자신이 마음속으로 간절히 바라고 있는 일이겠지요. **운에 자신을 맡길 것이 아니라 정말로 하고 싶은 일이나 가고 싶은 장소, 즉 목표나 목적지를 줄곧 바라본다면 여러분은 분명 소망을 이룰 수 있을 것입니다.**

나는 반드시 이 목표를 달성할 거야!

목표를 정하는 것은 자신의 목적지에 '깃발'을 세우는 일이다. 도달하고 싶은 목적지가 있다면 그 깃발에서 눈을 떼지 말고 오로지 목적지만 생각해야 한다.

운의 뇌 활용법

☑ '운이 따르는 사람'에게는 운이,
'불운한 사람'에게는 불운이 일어나기 쉽다.

☑ 목표 달성률을 높이려면 언어성 지능을 키워야 한다.

☑ 망설여질 때, 운에 맡기지 말고 '재미가 있는지 없는지'로
결정하면 행복감이 높아지고 건강에도 좋다.

☑ '나는 운이 좋다'라고 마음먹으면 신기하게도 운이 좋아진다.

☑ 운이 좋은 사람과 함께 있으면 자신도 모르는 사이에
그 사람의 말과 행동을 닮아간다.

제10장   인생

자신의 자원을 찾아 자유롭게 가능성을 넓혀라

088

당신은 어떤 자원을 갖고 있는가

가끔 미래에 대한 불안을 느끼거나 희망을 갖기 어려울 때가 있습니다. 왜 이런 상태가 되는 걸까요? **바로 자신에게 어떤 자원이 있으며, 이를 어떻게 활용하면 좋은지를 모르기 때문입니다.** 예를 들어, 젊은 여성 중에는 미래를 생각해 결혼을 서두르는 경우가 있습니다. 젊음으로 가치를 평가받을 수 있는 것은 시간의 한계가 있다는 주변의 말에 조급해진 나머지, 젊음을 잃으면 끝이라는 생각과 불안함에 빠지는 것이지요. 하지만 잠시 멈춰서 생각해보면 그 사고관이 이상하다는 사실을 깨달을 수 있습니다. 자신이 가진 자원이 젊음밖에 없다고 믿는 것이니까요.

할 수 있는 일은 얼마든지 있다고 생각하라

당연하게도, 사람에게는 젊음 말고도 많은 자원이 있습니다. **자원이라고 하면 학력이나 지식, 외모 등을 먼저 떠올리지만 남의 이야기를 귀담아듣는 능력이라든지 사람들을 안심시키는 자질 역시 자원입니다.** 그 자원을 수요와 공급의 메커니즘에 비춰 생각하면, 자신의 능력과 기술을 살릴 수 있는 장소는 반드시 있기 마련입니다. '내가 할 수 있는 일은 얼마든지 있어!'라고 생각하는 자세가 중요하다는 말이지요.

자신을 소중하게 대하면 가능성이 넓어진다

결과적으로 이러한 자신감은 자신을 소중하게 대하는 자세에서 시작합니다. **편견으로 가득 찬 세상의 평가 기준에 휘둘리거나 그러한 기준을 추구하기보다는, 자신의 성격이나 소중한 인간관계를 돌아보고 스스로를 귀하게 여겨보세요. 그러면 자연스럽게 가능성이 넓어질 테니까요.** 자신의 자원을 조금이라도 활용할 수 있는 방법을 찾아내 할 수 있는 것부터 하나씩 해보면 미래에 대한 불안이나 고민이 훨씬 가벼워질 것입니다.

● **자신이 가진 자원을 찾는다**

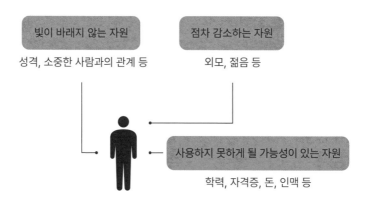

자신을 소중히 대하는 자세를 유지하면 자신에게 있는 자원을 찾아낼 수 있다. 장기적으로 사용할 수 있는 '빛이 바래지 않는 자원'을 찾아내는 것이 핵심이다.

089 사회가 필요로 하는 일과 내가 잘하는 일을 모두 잡아라

핵심 한마디 | 능력의 머니타이즈도 중요하다

내가 무엇을 할 수 있는지 찾아본다

사람은 '혹시 내가 필요 없는 건 아닐까'라는 생각이 들 때 큰 충격을 받습니다. **가령, 직장을 잃었다고 상상하면 이해하기 쉽지요. 사회나 회사가 나를 필요 없는 사람으로 여긴다는 생각이 들면 경제적인 기반을 잃은 것 이상의 강한 스트레스를 받게 됩니다.** 이런 상태에 빠지지 않으려면 '내가 무엇을 할 수 있는지'를 잘 생각해봐야 합니다. 만약 지금 어떤 일에 불안감을 느끼고 있다면, 여러분이 할 수 있는 다른 일들을 찾아보세요.

사회가 필요로 하는 일이나 내가 잘하는 일은 무엇인가?

꿈이나 하고 싶은 일에 지나치게 집착하는 사람도 있겠지만, 그보다는 사회가 필요로 하는 일이나 자신이 잘하는 일부터 찾는 편이 미래의 가능성을 그리기 쉽습니다. 잘하는 일을 찾았다면 능력을 갈고닦아 '머니타이즈^monetize^(서비스를 수익 창출 사업으로 변화시키는 것―편집자)'를 하면 되는데, 이는 미래에 대한 불안을 줄이는 효과적인 방법입니다. 수익을 창출하는 데 주목해 자칫 소홀하기 쉬운 자신의 능력을 키우는 것이지요.

하고 싶은 일과 잘하는 일을 모두 잡아라

19세기 말부터 20세기 초까지 활약한 체코의 화가 알폰스 무하
Alphonse Mucha는 젊을 때 그린 일러스트와 포스터 작품으로 유명합니
다. 하지만 그가 열정을 기울인 유화는 잘 알려지지 않았습니다. 그
가 정말로 그리고 싶었던 것이 일러스트나 포스터는 아닌 듯하지
만, 그 작품들은 지금까지도 많은 사랑을 받고 있습니다. 무하의 작
품을 보면, 역시 사람은 잘하는 것을 일로 삼아야 한다는 생각이 듭
니다. **하고 싶은 일은 언제든지 할 수 있으니, 앞으로는 주변 사람들
이 필요로 하는 일을 먼저 배워보세요. 그러면 자연스럽게 적응력**
resilience**도 높아질 것입니다.**

● **자신이 하고 싶은 일과 주변 사람들이 필요로 하는 일은 모두 중요하다**

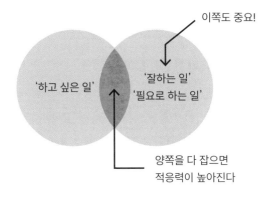

이쪽도 중요!

'하고 싶은 일'

'잘하는 일'
'필요로 하는 일'

양쪽을 다 잡으면
적응력이 높아진다

**평소에 '나는 무엇을 잘할 수 있는가'에 대한 답을 찾아보자. 주변 사람들이나 사
회가 '필요로 하는 일'이나 자신이 '잘하는 일'부터 찾아야 미래의 가능성을 그려
나가기 쉽다.**

090

인생의 질을 높이려면
안이한 결론을 따르지 마라

핵심 한마디 | 스스로 생각하는 습관을 들여라

모든 일의 일반화에 주목하라

인생의 질을 높이고 싶다면 어떤 일이든지 본인이 직접 생각하는 습관을 들여야 합니다. 물론 생각하는 것이 힘든 사람도 있을 테지요. 그런 사람은 먼저 대부분의 사람이 일반화하고 있는 사실과 현상을 생각의 재료로 써보세요. '모두 ~하고 있으니까' '이런 사람은 ~할 거야'라는 말처럼 대부분의 사람이 당연하다고 여기는 상식에 주목해 스스로 다시 생각해보면 좋습니다.

자신만의 이유와 기준을 찾아라

가령, 인터넷을 보면 많은 사람이 불륜을 나쁘게 생각한다는 사실을 알 수 있습니다. '왜 불륜이 안 좋은 거지?'라고 생각하는 사람은 많지 않겠지요. 공개적으로 말할 수는 없어도 머릿속으로는 얼마든지 생각해볼 수 있습니다. '안 좋다고 생각하는 데는 어떤 이유가 있을까?' '별로 상관없다고 말하는 사람은 어떤 이유로 그렇게 생각하는 걸까?'와 같이 질문하며 자신만의 이유와 기준을 찾는 바람직한 습관을 들여보세요.

답이 나오지 않는 일을 그대로 안고 가는 힘도 필요하다

이렇게 자신의 머리로 계속 생각하다 보면 안일한 결론을 따르지 않게 됩니다. 모든 결론에 항상 의심을 품고 다시 생각하는 습관이 몸에 배기 때문이지요. **저는 납득할 수 없는 일은 납득하지 않은 채로 남겨놓아도 좋다고 생각합니다.** 답이 나오지 않는 일을 자신의 마음속에 품어두는 힘이 진정한 지적 체력일지도 모르지요.

스스로 생각하지 않으면 남에게 이용당한다

'답은 ~이다' 하고 흑백을 나누듯이 정하면 속은 시원할 것입니다. 그뿐만 아니라 누군가가 듣기 좋은 한마디로 답을 명쾌하게 표현하면 '저 사람은 진짜 머리가 좋아' '저 사람은 모두의 마음을 잘 알고 있네'라고 생각하겠지요. **하지만 엄밀히 말해서 그것은 사고가 정지된 상태나 다름없습니다.** 매사를 직접 생각해보지 않으면 대중에 영합하는 정치가나 사기꾼의 아첨에 이용당할 뿐이지요. 그러므로 모르는 것은 모르는 대로 둬야 합니다. 마음이 불편하고 불쾌한 상태를 견뎌내야 하지요. 자신의 머리로 이해하고 납득할 때까지 멈추지 않고 생각하는 자세가 중요합니다. **애매하고 답답한 감각을 즐기는 태도가 머리를 좋게 하고 인생의 질을 높이는 비결이라고 생각합니다.**

091 오늘날에는 다른 의견을 포용하는 힘이 필요하다

핵심 한마디 | **다양한 의견을 넘나들어라**

우리가 보고 있는 정보는 사용자화되어 있다

SNS와 웹 검색, 인터넷 광고 등 오늘날 우리가 인터넷을 통해 보고 있는 정보는 대부분 개인 맞춤형입니다. 대부분의 정보가 커스터마이즈^{customize}(사용자의 요구나 기호에 맞춰 수정하거나 변경하는 것—옮긴이)되고 최적화되어 있지요. 이를 SEO(서치^{search}, 엔진^{engine}, 옵티마이제이션^{optimization}: 검색 엔진 최적화)라고 하는데, 이러한 현상은 개인에게 유리한 정보만 들어오게 하는 환경을 만들어냅니다. 이런 시스템이야말로 우리가 모든 일을 중립 상태로 생각하지 못하게 방해하는 하나의 원인이라고 할 수 있습니다.

사람들 때문에 SNS는 좁은 세계가 된다

SNS에서는 불특정 다수 안에서도 자신과 비슷한 의견이나 호기심을 가진 사람끼리 쉽게 모일 수 있습니다. 자신과 다른 의견을 가진 사람과 섞이게 되면 불쾌한 공간으로 변할 수 있기 때문이지요. **이는 특정 집단 안에 갇혀 있는 상태라고 할 수도 있습니다.** 이러한 주변 환경 때문에 다양한 의견을 접하지 못하기도 하지요.

답이 없는 상태에 안주하려면 에너지가 필요하다

기술의 진화와 함께 어쩔 수 없이 만들어진 이런 환경에서는, 자신과 맞지 않는 의견을 의도적으로 받아들여 직접 생각해야 합니다. 그러지 않으면 위험한 상태에 빠질지도 모르지요. 앞에서 언급했듯이, 답이 없는 상태에 안주하려면 뇌의 에너지가 상당히 필요합니다. 답을 내는 편이 훨씬 편하고 효율적이기 때문입니다. 하지만 타인의 알기 쉬운 언행이나 특정한 사고방식을 재빨리 받아들이는 태도는 언뜻 보면 그 언행이나 사고방식을 배우고 있는 것 같지만 사실 진정한 지성은 아닙니다.

자신과 다른 의견을 얼마나 이해할 수 있는가

자신과 맞는 의견을 찾는 것은 누구나 할 수 있으며, 앞으로는 AI가 인간보다 더 똑똑하고 효율적으로 대응해줄 것입니다. **오히려 자신과 다른 의견을 얼마나 이해하려고 하느냐가 우리 인간의 진정한 지성이라고 할 수 있지요.** 지금 우리에게는 알기 쉬운 결론이나 성과에 바로 안착하지 않고, 뇌가 피곤하더라도 다른 의견과 사고관을 곱씹으면서 끈질기게 다양한 의견을 넘나드는 자세가 필요합니다.

092

선택한 길을
정답으로 만드는 힘을 키워라

우리는 과거로 되돌아갈 수 없다

누구나 과거에 선택한 길을 후회하며 낙담해본 적이 있을 것입니다. **그럴 때 저는 '이미 선택한 길이니까 이 길을 정답으로 만드는 수밖에 없다'라고 생각하려고 노력합니다.** 지금이라도 다른 길을 선택해볼 수는 있겠지만 완전히 과거로 돌아갈 수는 없으니까요. 선택한 길이 옳은 답이 되도록 노력하는 자세가 더 중요하지 않을까요?

자신의 가능성과 새로운 만남을 긍정적으로 받아들여라

만족스럽지 않은 길을 맞는 선택이라 억지로 믿으면서 고통을 달래자는 의미가 아닙니다. **이 길을 선택함으로써 생긴 가능성과 다른 사람과의 만남, 기쁨과 고통을 '이걸로 잘된 거야, 정말 좋았어' 하며 받아들이자는 말입니다.** 이런 자세야말로 입시 공부나 자격증 공부에서는 상상할 수 없는, 진정한 앎의 힘이라고 생각합니다. 당연한 말이지만 인생은 시험이 아니니까요.

선택한 길을 정답으로 만드는 과정에 앎의 기쁨이 있다

이렇게 생각하다 보면 과연 머리가 좋다는 것이 무엇인지 의문이 듭니다. 많은 사람이 머리가 좋아지기를 갈망하는 만큼, '머리가 좋다'라는 말의 실체가 무엇인지 구체적으로 생각해볼 필요가 있습니다.

저는 배우고 있을 때도 휴가를 즐기고 있을 때도 새로운 개념이나 사건을 만나면 기분이 무척 좋아집니다. 어딘가에 있는 정답을 찾아 헤매며 공부하거나 학력을 쌓기만 한다면 앎의 기쁨을 만날 수 없습니다. **이보다는 우연한 만남을 즐겨보세요.** 실제 인생에서는 자신이 선택한 길을 정답으로 만들어가는 자세가 '진짜' 머리가 좋은 사람의 처세술입니다.

과거에 선택한 길을 후회해도 과거로 돌아가 다시 바꿀 수는 없다. 이 길을 선택함으로써 생겨난 자신의 가능성과 사람과의 만남을 '이걸로 잘된 거야!' 하며 받아들이자.

093 긍정적인 고정관념은 능력 발휘를 돕는다

고정관념이 결과를 좌우한다

앞서 사회심리학자 에이미 커디의 실험을 소개했는데요. 그녀는 이 실험으로 등을 꼿꼿이 세우고 가슴을 쫙 펴는 당당한 포즈를 취하기만 해도 저절로 자신감이 생기며 긍정적인 마음이 든다는 사실을 밝혔습니다. 이후 커디는 또 한 가지 흥미진진한 실험을 진행했는데, 고정관념에 따라 시험 성적이 달라진다는 내용이었습니다.

나도 모르는 사이에 부정적인 고정관념의 영향을 받는다

"여자는 이과 공부를 못한다"라는 말을 들어본 적이 있나요? 과학적으로 증명되지 않은 이야기로 미신과도 같은 낭설입니다. 부정적인 고정관념이라고 할 수 있겠지요. 그밖에도 인종, 국적, 연령, 거주지, 학력, 사회적·경제적 상황의 차이 등에서 비롯된 고정관념은 세상 곳곳에 깔려 있으며, 우리는 알게 모르게 영향을 받고 있습니다. **어떤 여성이 주변으로부터 "여자는 이과 공부를 못한다"라는 말을 들으면, 어느새 본인도 그렇게 믿게 되어 실제 이과 과목의 시험 점수가 떨어지는 경우가 생깁니다.**

'나는 할 수 있다'라고 생각하면 능력을 발휘할 수 있다

이 실험은 반대로 말하면, 긍정적인 고정관념을 지니면 능력을 발휘할 수 있다는 사실을 알려줍니다. **'나는 이걸 잘해' '나라면 분명히 할 수 있어' '나는 꼭 성공할 거야'라고 생각하면 저절로 자신감이 샘솟고 모든 일에 긍정적으로 임하게 되어 자연스럽게 좋은 결과가 나온다는 것이지요.** 잘나가는 사람은 무의식적으로 긍정적인 고정관념을 활용하고 있을지 모릅니다. 그리고 많은 사람이 적용하기 쉬운 방법이기도 합니다.

많은 사람이 세상의 '부정적인 고정관념'에 영향을 받고 있다. 반대로 '긍정적인 고정관념'을 가지면 자신이 생각한 것보다 더 큰 능력을 발휘할 수 있다.

094

차림새만 신경 써도
상대가 얕보지 않는다

핵심 한마디 | 타인에게 좋은 영향을 미쳐라

사람은 차림새로 타인을 명확히 평가한다

미국의 심리학자 레오나르도 빅맨^{Leonardo Bickman}이 흥미로운 실험을 했습니다. 전화 부스 안에 10센트짜리 동전을 놓고 피험자가 무작위로 전화 부스에 들어갔을 때, "죄송합니다. 거기 10센트가 있지 않았나요?"라고 묻고 반응을 살피는 방식으로 진행되었습니다. 이때 물어보는 사람으로는 차림새가 깔끔한 사람과 그렇지 않은 사람을 준비했습니다. 실제로 실험을 해보니 차림새가 깔끔한 사람이 물었을 때는 피험자의 약 80%가 "아, 이거지요?" 하고 돈을 돌려준 반면에, 차림새가 허름한 사람의 경우는 약 30%만 돌려주었다고 합니다.

타인에게 영향을 미치는 간단한 방법

이는 앞에서도 소개한 후광효과가 작용했다고 해석할 수 있습니다. 피험자는 전화 부스에 들어와 물어본 사람의 내면을 알지 못했지만, 겉모습이 다르다는 사실은 판단에 큰 차이를 만들어냈습니다. **이러한 결과로 볼 때, 깔끔한 차림새를 갖춘 사람은 타인에게**

상당한 영향을 미칠 수 있음을 알 수 있습니다. 자신에게 좋은 방향으로 말이지요.

기분이 좋아지면 바람직한 순환이 생겨난다

차림새에 신경 쓰는 것은 비교적 큰 시간과 노력을 들이지 않고도 할 수 있는 일입니다. 군이 고가품이 필요하지도 않고 누구나 할 수 있지요. 무엇보다도 깔끔한 겉모습을 갖추면 기분이 좋아져 긍정적인 마음이 듭니다. 타인과의 소통에도 적극적으로 임하게 되지요. **그러면 상대의 반응과 평가가 좋아져 결과적으로 좋은 일이 생길 가능성이 높아집니다.** 인생의 질을 높이고 싶다면 반드시 시도해볼 만한 아주 간단한 방법입니다.

차림새를 단정히 하면 기분도 좋아져요!

깔끔한 차림새를 갖추기만 해도 자신에게 좋은 방향으로 타인에게 영향을 미칠 수 있다. 자신의 기분도 좋아져 긍정적인 마음이 들고 타인과의 의사소통도 원활해진다.

095

왠지 불안할 때는
직감이 주는 메시지를 따르라

핵심 한마디 | 위화감을 진지하게 받아들여라

직감은 몸에서 보내는 메시지이자 신호다

여러분은 '왠지 안 좋은 일이 생길 것 같아' '이 사람은 조금 수상쩍은 걸!' 같은 직감을 느껴본 적 있나요? 아마 그 느낌이 맞았던 경험도 상당수 있었을 것 같은데요. 이러한 직감을 몸에서 보내는 메시지이자 신호로 인식하고 따르면 부정적인 사태를 피할 수 있습니다. **직감은 지금까지의 경험과 상상력 등을 토대로, 무의식적으로 위험을 감지하거나 기억에서 정보를 이끌어내거든요.** 이 직감이 보내는 메시지를 제대로 받아들이면 모든 일에 현명하게 대처할 수 있습니다.

사람은 언제 잘 속는가

다만 직감이나 위화감이 제대로 작동하지 않을 때도 있습니다. 전형적인 경우는 마음이 약해졌을 때지요. **스트레스나 불안, 공포 같은 감정에 싸여 있을 때 오히려 주의 깊게 살피는 사람도 있겠지만, 대개는 위화감을 알아차리기 어려워집니다.** 또한 배가 고플 때나 술에 취했을 때, 수면 부족으로 멍해져 있을 때도 조심해야 합니다. 정상적인 판단을 내리기 어려운 데다 직감도 잘 작동하지 않아 남에게 속아 넘어가기 쉬우니까요.

위화감을 없애는 동조 압력

나아가 '모두 이렇게 하니까' '사람들이 그렇게 말했으니까' 하고 주변 사람의 의견이나 동조 압력에 노출되는 상황도 주의해야 합니다. 기껏 작동한 자신의 직감을 스스로 억제하고는 다른 사람들의 의견과 행동을 그냥 따르고 마는 경우가 종종 있습니다. 누구에게나 왠지 모르는 위화감이 느껴질 때가 있을 것입니다. 불안에 올바르게 대처해 인생의 질을 높이고 싶다면 직감이 보내는 메시지를 신뢰하고 활용해보세요.

● **직감이 작동하기 어려울 때**

- 스트레스를 받고 있다
- 불안과 공포 등의 감정에 싸여 있다
- 배가 고프다
- 술에 취해 있다
- 잠이 부족하다
- 생활 습관이 불규칙하다
- 주위 사람들에게 의견을 강요당하고 있다

누구나 왠지 모르는 불안이나 공포를 느낄 때가 있다. 이때는 직감의 힘이 작용하기 쉽도록 심신과 생활 습관을 바로잡아라.

메타 인지 능력을 높여
잘못된 판단을 미연에 방지하라

핵심 한마디 | 자신의 인지를 '인지'하라

메타 인지 능력이 모자라면 잘 속는다

세상에는 잘 속아 넘어가는 사람과 그러지 않은 사람이 있습니다. **잘 속는 사람은 메타 인지 능력이 부족하다는 특징을 가지고 있습니다.** 앞에서도 소개했지만 다시 한번 설명하자면, 메타 인지는 자신의 사고나 행동을 객관적으로 인식하는 것을 말합니다. 메타 인지를 관장하고 있는 부분은 전전두피질에 있는 배외측전전두피질로, 계획성, 논리성, 합리성 등을 조정합니다. 이 부분의 기능이 뛰어난 사람은 지능도 높습니다.

자신의 상태와 사고를 객관화하라

앞서 주변 사람들의 의견이나 동조 압력에 영향을 받아 자신의 직감과 사고에 제동을 걸게 될 가능성을 설명했습니다. **이런 상태에 빠지지 않으려면 무엇보다도 현재 자신의 상태나 사고를 객관적으로 바라볼 줄 알아야 합니다.** 갑작스럽게 주변의 의견에 신경 쓰지 말라는 말을 들으면 심리적 저항이 강해지기 때문에 그전에 가능한 한 객관적이고 정확한 정보를 모아 판단의 근거를 조금씩 늘려가는 것이 좋습니다. 정보를 수집한 후, "역시 내 의견이 좋아" 하고 자신 있게 말할 수 있을 때 비로소 행동으로 옮기면 됩니다. 마음에 걸었던 제동을 조금씩 풀어가는 상상을 해보세요.

주변의 영향에서 벗어나 나답게 행동하자

'이런 말을 하면 다들 어떻게 생각할까?' '난 절대 이런 거 못해' 라는 생각과 두려움, 불안과 동조 압력에 얽매여 자신의 행동을 억제하지 않도록 앞으로는 자신의 사고와 상태를 냉정하게 의식해보세요. 그러면 근거 없는 언행에 휘둘리는 일이 확연히 줄어들 것입니다. 현명한 판단과 행동은 자신을 냉정하고 객관적으로 바라보는 데서 시작됩니다.

우선은 객관적인 정보를 모아 판단의 근거를 늘려나가자.

주변의 의견과 동조 압력에 얽매이지 않도록 가능한 한 객관적이고 정확한 정보를 모아 판단 근거를 늘려나간다.

097 정보를 구하는 데 더 많은 공을 들여라

핵심 한마디 | **의사 결정을 내릴 때는 급할수록 돌아가라**

뇌에는 빠른 시스템과 느린 시스템이 있다

인간의 뇌에는 두 가지의 의사 결정 기구가 있습니다. 전문적으로는 '이중 과정 이론dual process theory'이라고 하지요. **한 가지는 '빠른 시스템'으로, 다양한 정보와 사건에 재빠르게 대응하려는 체계입니다. 또 한 가지는 '느린 시스템'이라고 불리며, 이성적이고 논리적으로 모든 일을 판단하는 체계입니다.** 예전과 비교해 정보량이 압도적으로 증가하고 있는 현대에는 대부분 빠른 시스템을 사용하는데요. 변화가 격심한 환경에 어떻게든 적응하며 살아가려는 것처럼 보입니다.

빠른 시스템의 문제점

하지만 빠른 시스템은 의사 결정의 속도를 우선시하기 때문에 한정된 정보만 중시하는 경향이 있습니다. **그래서 눈에 잘 띄는 정보나 간단하고 알기 쉬운 정보에 쉽게 걸려드는 문제가 생기지요.** 가짜 뉴스가 그중 대표적인 예입니다. 한두 사람만 속으면 그나마 다행이지만, 경우에 따라서는 사실과 전혀 다른 근거 없는 정보를 확산시켜 사회 전체를 혼란에 빠뜨릴 수도 있습니다.

정보의 질을 높이면 인생의 질도 좋아진다

변화가 격심한 환경에서는 정보를 구하는 데 특히 더 오랜 시간을 들여야 합니다. 이를테면, 신뢰할 수 있는 매체만 열람하고 여러 매체를 비교해 정보를 검토하는 것이 좋습니다. 포털 사이트 등은 반드시 정보의 출처를 확인하고, SNS나 동영상 사이트에서는 눈길을 사로잡는 팔로워 수나 조회 수에 현혹되지 말아야 합니다. 품과 시간이 들어도 급할수록 돌아가야 한다는 사실을 명심하세요. 충분한 시간을 들여 정보를 구해야 판단할 때 필요한 재료의 질이 높아지고, 결과적으로 인생의 질도 좋아집니다.

● **뇌의 두 가지 의사 결정 기구**

빠른 시스템	느린 시스템
다양한 정보나 사건에 재빨리 대응할 수 있다. 반면, 의사 결정 속도를 우선시하기 때문에 한정된 정보만 중시하는 경향이 있다.	이성적이고 논리적으로 모든 일을 판단할 수 있다. 의사 결정 속도는 느리지만 판단하기 위한 비교 검토의 질이 높아진다.

현대사회는 정보량이 압도적으로 증가하고 있기 때문에 많은 사람이 '빠른 시스템'을 사용하면서 극심한 환경 변화에 대응하고 있다. 하지만 눈에 띄기 쉬운 정보나 알기 쉬운 정보, 가짜 뉴스 등에 현혹되기 쉽다.

098 스스로를 인정하면 인생의 질이 높아진다

핵심 한마디 | 이상적인 자신이 된 것처럼 행동하라

우리는 누군가에게 도움이 되고 싶어 한다

인간의 뇌에는 '누군가에게 도움이 되었다' '모두가 높이 평가해주었다'와 같이 사회적 인정을 강하게 추구하는 특성이 있다고 설명했습니다. 과거 하버드대학교에서 생산성을 높이는 작업 조건을 조사하기 위한 실험이 진행되었습니다. 공장의 물리적인 작업 조건을 여러 가지로 바꾸면서 어떤 조건일 때 생산성이 가장 높은지 찾는 실험이었지요. **그 결과, 피험자가 '우리는 기대를 받고 있다' '나는 주목받고 있다'라고 의식했을 때 생산성이 가장 높았다고 합니다.**

기대받고 있다고 느끼면 의욕이 높아진다

물론 물리적인 작업 조건을 맞추는 것도 중요합니다. 하지만 좋은 의미에서 타인에게 보이는 환경을 만들면 의욕이 더 높아지고 동기 부여가 가능하다는 것이 가장 중요합니다. **사람은 주목을 받거나 기대를 받으면 이에 부응하기 위해 의욕이 왕성해지고 열심히 노력합니다.** 결과적으로 생산성도 높아지지요. 이 현상을 실험을 진행한 공장의 이름을 따 호손 효과^{Hawthorne effect}라고 부릅니다.

스스로를 격려하면서 살아가면 인생의 질이 높아진다

사회적 인정을 추구하는 욕구는 스스로를 칭찬할 때도 채워집니다. **거짓으로라도 매일 자신을 칭찬하거나 이상적인 자신이 된 것처럼 행동하면 신기하게도 정말 그러한 모습으로 변화할 수 있지요.** 자기 자신을 인정하고 칭찬할 수 있는 사람은 나아가 다른 사람도 인정할 수 있게 되어 의사소통이 풍부해집니다. 가치 있는 인맥을 쌓을 수 있고, 자연스럽게 좋은 기회가 늘어 성공에 더 가까워지게 되지요. 스스로를 격려하는 것이야말로 인생의 질을 높이는 데 없어서는 안 될 중요한 자세입니다.

요즘 무척 열심히 하네.

항상 나답게 살아가야지.

사회적 인정을 추구하는 욕구는 스스로를 칭찬하는 것만으로도 채워질 수 있다. 자기 자신을 인정할 수 있으면 다른 사람도 인정할 수 있게 되어 의사소통이 풍부해진다.

099 선의의 거짓말을 활용해 서로에게 득이 되게 하라

핵심 한마디 ┃ 거짓말을 잘 활용하라

거짓과 진실의 경계는 상당히 애매하다

앞에서 거짓으로라도 이상적인 자신이 된 것처럼 행동하면 정말 그러한 모습으로 변화할 수 있다고 이야기했습니다. 어떤 사람들은 '거짓이라면 의미가 없는 거 아냐?' '거짓말은 좋지 않아'라고 생각할지도 모르겠네요. **하지만 애초에 거짓과 진실의 경계는 상당히 애매합니다.** 좀처럼 업무 성과를 내지 못하는 부하가 있다고 합시다. 수치나 실적 등 성과가 나오지 않는다는 사실만을 지적하며 "제대로 하지 못하겠어?"라고 질책하는 것과 "꽤 좋아지고 있으니 조금만 더 하면 수치로도 나타날 거야"라고 격려하는 것은 상대에게 완전히 다른 느낌으로 전해질 것입니다.

서로 기분 좋게 이득을 보는 상황을 목표로 한다

여기서 말하는 거짓말은 선의의 거짓말을 가리킵니다. 물론 거짓말을 함으로써 상대에게서 상처를 입힐 수도 있겠지만, 위에서 든 예시처럼 진실을 전하는 것이 오히려 더 상처가 될 수도 있습니다. 경계선이 애매하다는 말은 그런 의미이며 진실을 말하면 된다는 말이 무조건 통할 정도로 인간은 단순하지 않습니다. **어쩌면 행복한 인생을 보내기 위해서는 서로 기분 좋게 이득을 얻는 상황을 목표로 하는 자세가 중요할지도 모릅니다.**

선의의 거짓말을 사용하면 악의의 거짓말에 속지 않는다

평소 의사소통을 할 때 선의의 거짓말을 활용하다 보면 사기나 가짜 뉴스 같은 악의의 거짓말을 간파하는 능력이 길러집니다. 또한 현명하게 상대를 칭찬하는 등의 선의의 거짓말은 사업이나 협상에도 활용할 수 있습니다. **유연하게 거짓말을 활용하면서 자기 자신과 소중한 사람들을 지키는 일은 행복한 인생을 보내는 데 없어서는 안 될 중요한 요건입니다.**

● 선의의 거짓말로 자기 자신과 소중한 사람을 지킨다

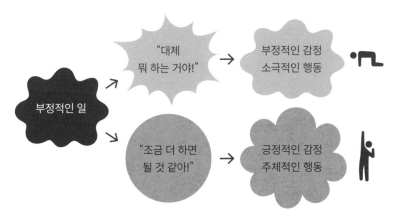

거짓과 진실의 경계는 애매하다. 객관적인 사실을 간과해서는 안 되지만 의사소통을 할 때 '진실'을 전한다고 무조건 다 좋은 것은 아니다. 때로는 선의의 거짓말을 활용해 상대를 격려하는 것도 중요하다.

남은 인생에서 가장 젊은 지금, 새로운 일에 도전하라

100

핵심 한마디 │ 뇌에 새로운 자극을 제공하라

시간이 흐르면 나도 성장한다

미래에 대한 고민이 많을 때는 '나도 시간이 흐르면 성장한다'라는 사실을 잊기 쉽습니다. **성장한 미래의 자신을 제대로 상상하지 못하고 현재 상태에만 주목하기 때문에 필요 이상의 불안과 두려움에 사로잡히는 것이지요.** 조금만 더 생각해보면 시간이 지나 경험치가 쌓이는 만큼 당연히 할 수 있는 일은 늘어납니다. 20대에는 도저히 할 수 없었던 일을 40대가 되면서 저절로 할 수 있게 되는 사람도 있을 테지요.

지금 이 순간이 남은 인생에서 가장 젊다

몇 살이 되든 인생을 즐기며 살아가려면 성장하면서 자신의 평가 잣대를 바꿔야 합니다. '이게 내 방식이야' '이제 나이가 많아서' 등 고정관념에 사로잡힌 잣대로만 살아가면 머리가 굳어지기 쉽습니다. 살아가는 동안 우리는 자주 잊지만, 지금 이 순간이 남은 인생에서 가장 젊은 때입니다. 가장 젊은 지금, 유연한 자세로 새로운 일에 도전하며 마음껏 살아가길 바랍니다.

평소와는 다른 일에 조금씩 익숙해진다

우선은 평소에 '새로운 일' '보통과 다른 일'에 조금씩 익숙해지세요. 뇌는 게을러서 금세 에너지를 절약하려 하기 때문에 그냥 내버려두면 익숙한 일만 하게 됩니다. 새로운 자극이 들어오지 않게 되어버리지요. 지금까지의 나라면 읽지 않았을 책을 읽고, 듣지 않았을 음악을 들어보세요. 예전 같았으면 절대 가지 않았을 장소로도 발걸음을 옮겨보세요. 그러면 뇌의 전전두피질이 활발히 기능하기 시작해 새로운 견해와 사고관을 갖게 될 것입니다. **새로운 일에 익숙해지면 중요한 결단을 내려야 할 때 새로운 인생으로 한 발 더 내딛기가 쉬워지겠지요.** 몇 살이 되어도 변화할 수 있다는 사실을 깨닫고, 건전한 자신감을 얻을 때 불안과 고민은 저절로 사라질 것입니다.

잘 모르는 분야지만 어디 한번 들어볼까!

이제 젊지는 않지만 새로운 스포츠에 도전해봐야지!

지금 이 순간이 남은 인생에서 가장 젊다. 가장 젊은 지금, 유연한 마음으로 새로운 일에 도전해보자. 평소에 '새로운 일' '보통과 다른 일'에 조금씩 익숙해지면서 게으른 뇌에 새로운 자극을 주는 것이 좋다.

인생의 뇌 활용법

☑ 자신의 자원을 찾아내
'할 수 있는 일은 얼마든지 있다'라고 생각한다.

☑ 안이한 결론에 안주하지 말고
답이 나오지 않는 일을 그대로 품어두는 힘을 기른다.

☑ 정답을 추구할 게 아니라,
자신이 선택한 길을 정답으로 만들어간다.

☑ '나는 할 수 있다'라고 생각하면 능력을 발휘하기 수월해진다.

☑ 자신이 느끼는 위화감을 중요하게 여기고
왠지 모르게 불안할 때는 직감이 보내는 메시지를 따른다.

뇌과학의 쓸모

1판 1쇄 발행 2024년 11월 15일

지은이 나카노 노부코
옮긴이 김윤경
발행인 박명곤 **CEO** 박지성 **CFO** 김영은
기획편집1팀 채대광, 김준원, 이승미, 김윤아, 백환희, 이상지
기획편집2팀 박일귀, 이은빈, 강민형, 이지은, 박고은
디자인팀 구경표, 윤신혜, 유채민, 임지선
마케팅팀 임우열, 김은지, 전상미, 이호, 최고은

펴낸곳 (주)현대지성
출판등록 제406-2014-000124호
전화 070-7791-2136 **팩스** 0303-3444-2136
주소 서울시 강서구 마곡중앙6로 40, 장흥빌딩 10층
홈페이지 www.hdjisung.com **이메일** support@hdjisung.com
제작처 영신사

ⓒ 현대지성 2024

"Curious and Creative people make Inspiring Contents"
현대지성은 여러분의 의견 하나하나를 소중히 받고 있습니다.
원고 투고, 오탈자 제보, 제휴 제안은 support@hdjisung.com으로 보내주세요.

이 책을 만든 사람들
기획 박일귀 **편집** 박고은, 박일귀 **디자인** 피포엘